Ralf Romahn

Der Tigerbiss auf dem Weihnachtsmarkt

Authentische Kriminalfälle

Das Neue Berlin

Aus Gründen des Persönlichkeitsschutzes wurden alle Namen von Tätern und Opfern sowie Tatorte verfremdet. Namensgleichheiten sind dem Zufall zuzuschreiben.

Inhalt

Vorwort des Autors 7

Die Tote im Schnee 11

Der Tigerbiss auf dem Weihnachtsmarkt 61

Ein Bier für einen Doppelmord 105

Der Fensterer im Altersheim 153

Vorwort des Autors

Mein Berufsleben war unmittelbar geprägt von den Entwicklungen der späten DDR. Während des Aufstiegs bis in den Rang des Oberstleutnants lernte ich hier das ganze Spektrum der kriminalistischen Arbeit kennen. Meine Aufgaben erstreckten sich vom einfachen Streifendienst bis hin zur Organisation und Verwaltung wichtiger Bereiche der Kriminalpolizei; ich ermittelte gegen gewöhnliche Eierdiebe, straffällig gewordene ausländische Besucher und wichtige Entscheidungsträger, letztlich gegen den ehemaligen Generalsekretär Erich Honecker.

Ganz entscheidend für die Vielfältigkeit dieser Erlebnisse war dabei meine Tätigkeit bei der K – der Kriminalpolizei – in Berlin-Mitte. Nirgendwo sonst in dieser Stadt gab es eine derartige Ballung von Politik, Wissenschaft und Kultur. Hinzu kam, dass die Stadtbezirksgrenze zu zwei Dritteln gleichzeitig Staatsgrenze war. Besonders in Mitte bekam man so sehr schnell gesellschaftliche und politische Veränderungen zu spüren.

Ab 1987 änderte sich die Situation im Bezirk und damit auch für mich als Kriminalist rasant und umfassend. Schutzpolizei, Verkehrspolizei und Kriminalpolizei waren immer häufiger für Ordnungseinsätze unterwegs. Sie mussten zum Brandenburger Tor, auf den Alexanderplatz und zu den Kirchen. Überall fanden Demonstrationen, Versammlungen und Mahnwachen statt. Die Bürger revoltierten, sie wollten eine andere, eine neue DDR. Sie wollten gehört werden, mitentscheiden, frei sein. Politisch motivierte Straftaten und Autokorsos nahmen zu, bei denen mit Fähnchen für die Ausreise in den Westen protestiert wurde.

Am 9. November 1989 entstand durch die Maueröffnung ein rechtsfreier Raum, der bis zur Währungs-, Wirtschafts- und Sozialunion am 3. Oktober 1990 bestehen blieb. Daraus ergaben sich äußerst komplizierte Situationen für die Polizei: Täglich gab es Veränderungen, es fehlte an allgemeinen Bewertungsmaßstäben und Richtlinien. Und die Ungewissheit hielt Einzug, mit der nicht alle Kollegen umzugehen wussten. Wir hingen – wie alle Bürger – zwischen Alt und Neu, nur dass uns für unsere berufliche Tätigkeit nicht selten die rechtliche Handhabe fehlte.

Im Januar 1990 fand eine große Umwandlung statt: Die Genossen waren nun Frau Kollegin oder Herr Kollege oder sie wurden namentlich angesprochen. Vier Monate später wurden wir entmilitarisiert, aus dem Leutnant wurde ein Kommissar und aus dem Major ein Rat. Und natürlich fragte sich jeder: Was wird aus mir, meiner Arbeitsgruppe, meiner Familie? Werde ich meine Arbeit behalten, und welchen Stellenwert wird sie haben – jetzt, da die DDR zur BRD gehört?

Neben den privaten Bedenken während der folgenden weitreichenden Umstrukturierungen innerhalb der Polizeibehörde nahmen auch die beruflichen Herausforderungen deutlich zu. Durch die schnelle Öffnung der Grenzen entstanden in vielen Bereichen Schieflagen. Die Anzahl der Kunst-und Kulturdiebstähle stieg ins Unermessliche, die Währungsspekulanten hatten Hochkonjunktur, und mit der hochwertigen D-Mark wurden die DDR-Regale leergekauft. Es wurde immer schwerer, die öffentliche Ordnung sicherzustellen und auch aufrechtzuerhalten.

Häufig kam in dieser Umbruchssituation Kritik auf an der politisch gesteuerten Medienpolitik in der DDR. Die Bevölkerung war in Zeitungen, Funk und Fernsehen stets positiv motiviert worden, gesellschaftliche Fehlentwicklungen wurden verschwiegen oder nur am Rande erwähnt. Der »Feind« stand ganz klar im Westen, nicht im eigenen Land. Kriminalitätsentwicklungen gelangten kaum zur Veröffentlichung, und wenn doch, dann handelte es sich um Zahlen, die Jahre zurücklagen. Wir dürften keine Handlungsanleitungen für Straftaten geben, so hieß es intern. Verbrechen jedweder Art seien Ausnahmefälle, war der nach außen propagierte Tenor.

In diesem Buch nun möchte ich solche Ausnahmefälle vorstellen. Sie stammen aus meiner Zeit als Leiter »Untersuchung« im Stadtbezirk Mitte und als Leiter des Dezernats II »Leben und Gesundheit« im Präsidium der Volkspolizei. In den Geschichten bemühe ich mich bei der Schilderung des Hergangs redlich, immer auch Einsichten in die Arbeitsweise von Kriminalisten der DDR zu vermitteln und den Einfluss der gesellschaftlichen Begleitumstände nachvollziehbar zu machen. Alle Fälle haben sich tatsächlich zugetragen und wurden in ihrem Verlauf aus der Erinnerung nachgezeichnet. Dialoge wurden frei nachempfunden.

Mancher Kollege wird sich in diesen Fällen wiederfinden. Das ist gewollt und stellt erneut, jetzt nach 25 Jahren, ein großes Dankeschön an ihn dar. Ich hatte das große Glück, mit gut ausgebildeten und charakterlich anständigen Menschen zusammenzuarbeiten und dabei auch erfolgreich zu sein.

Kriminaloberrat a. D. Ralf Romahn
Berlin im Juni 2015

Die Tote im Schnee

»Meine Güte, was für ein Haufen!«, entfuhr es dem jungen Akademiker, während er seinen ratternden Trabant vor einem übermannshohen Schneeberg zum Stehen brachte. Riesige Schneemassen türmten sich auf dem Parkplatz der Bibliothek. Auch wenn schon seit einer Woche kein Schnee mehr gefallen war, erschwerten die inzwischen schmuddeligen Hügel das Durchkommen. Dem jungen Mann blieb allerdings keine Zeit, weiter über das Wetter und seine Begleitumstände nachzudenken. Er hatte es eilig. Voller Hast stieg er aus dem Wagen, so dass er die große Tauwasserpfütze neben der Fahrertür erst bemerkte, als seine Schuhe schon nass und seine Socken augenblicklich durchweicht waren. Ein ekeliges Gefühl. Er fluchte und lief, einen Beutel mit Büchern in der Hand, zügig weiter in Richtung Bibliothek.

Nach einem besonders kalten Winter und vielen Wochen tief unter dem Gefrierpunkt waren die Temperaturen im März 1986 erst seit einem Tag wieder über Null gestiegen. Die Spree war noch nicht einmal aufgetaut. Es würde dauern, bis sich die Eisschollen bedächtig vorwärts schoben. Bis vor Kurzem musste der von den Straßen geräumte Schnee irgendwo zwischengelagert werden. Auf der Spreeinsel im Stadtzentrum, genau dort, wo der junge Mann sein Auto abgestellt hatte, machte sich dieser Umstand besonders bemerkbar. Der Parkplatz neben der Breiten Straße, Ecke Mühlendammbrücke lag direkt an der Protokollstrecke, die von den Mitgliedern des Politbüros auf dem Weg zum Palast der Republik genutzt wurde. Die entsprechenden Straßen mussten stets einwandfrei geräumt sein, wenn täglich in einem genau geplanten Zeitfenster nacheinander die verschiedenen Funktionäre in ihren Dienstwagen die Strecke passierten. Der dabei anfallende Schnee wurde für gewöhnlich auf dem Parkplatz abgeschüttet, um dann regelmäßig über den Rand des Platzes in die Spree geschoben zu werden. In diesem Winter aber war dem Niederschlag nicht so leicht beizukommen. Der zugefrorene Fluss zwang die Stadtreinigung dazu, den Schnee am Ufer immer weiter aufzuhäufen.

Inzwischen gab das leichte Tauwetter Anlass zur Hoffnung. Für einen Bibliotheksbesucher mit nassen Socken war der schmelzende Schneeberg jedoch nur ein zusätzliches Ärgernis. Als der junge Mann drei Stunden später mit dem Bücherbeutel über der Schulter zu seinem Wagen zurückkam, stand ihm der Unmut ins Gesicht geschrieben. Den nassen Fuß setzte er möglichst nur kurz auf dem Boden auf, um nicht auffällig zu humpeln. Mehr noch als der kalte Fuß ärgerte ihn, dass er in der Bibliothek mit jedem zweiten Schritt ein schmatzendes Geräusch erzeugt hatte und ihn einige der anderen Besucher deshalb verstohlen von der Seite gemustert hatten. Nun wollte er schnell zum Wagen zurück und sehnte sich nach dem befreienden Moment, in dem er den nassen Strumpf endlich würde ausziehen können. Die Pfütze hatte sich inzwischen weiter ausgebreitet und zwang ihn, sich mit etwas akrobatischem Geschick in den Wagen zu hangeln. Frustriert und keuchend schlug er mit der Hand auf das Armaturenbrett, um seinem Ärger Luft zu machen. Schließlich legte er seinen Bücherbeutel auf den Beifahrersitz und begann umständlich, den nassen Schuh aufzuschnüren. Die Fahrerkabine war eng, das Lenkrad im Weg. So beugte er sich daran vorbei, um seine Hände sehen zu können, während er die Schnürsenkel löste.

Gerade streifte er den Strumpf vom eiskalten Fuß, als sein Kopf heftig gegen das Lenkrad gestoßen wurde. Begleitet von einem dumpfen Geräusch, wurde der Trabant erschüttert, als wäre er gerammt worden. Mit schmerzendem Kopf und im festen Glauben, er sei Opfer eines Auffahrunfalls geworden, schnellte der Getroffene hoch. Plötzlich schaute er in ein Gesicht. Nur wenige Zentimeter entfernt, direkt vor der Windschutzscheibe, starrten ihn zwei Augen unverwandt an. Er schrie auf. Seine Stimme überschlug sich. Instinktiv riss er die Arme vor den Kopf und warf sich in den Sitz zurück. Dort verharrte er reglos. Der hohle, schreckliche Blick hatte ihn erwischt wie ein elektrischer Schlag. Es dauerte einige Sekunden, bis er die Panikstarre überwinden und durch seine Hände hindurch vorsichtig erneut nach dem schauen konnte, was sich auf der Kühlerhaube befand: In einer großen Menge Schnee lag dort eine Frau im halblangen Mantel. Bläulich blass und unbarmherzig blickte sie ihm weiter ins Gesicht. Hastig und mit schreckverzerrter Miene sprang er aus dem Wagen und kümmerte sich nicht mehr darum, dass er in die Pfütze trat. Er wollte weg. Schnellstmöglich Abstand gewinnen und dem bohrenden Blick entkommen, den er noch immer spürte, so als wäre er physisch getroffen worden. Jede Faser seines Körpers stand unter Anspannung; sein Herz schlug bis zum Hals, die Schultern verkrampften. Mit noch immer vor der Brust erhobenen Armen stand er neben seinem Auto in der zentimetertiefen Pfütze und zitterte.

Aus dieser neuen Perspektive konnte er langsam eine Ahnung davon entwickeln, was wohl geschehen war: Genau über seinem Wagen schien sich aus dem gewaltigen Schneeberg ein großer Brocken gelöst zu haben und war auf seine Kühlerhaube gestürzt. Auch um den Wagen herum lag alles voll davon. Selbst der untere Teil des Frauenkörpers auf seinem Auto war noch von festgedrücktem Schnee umhüllt.

»Eine Leiche!«, entfuhr es dem inzwischen stark Frierenden. Wen interessierten schon nasse Füße oder das Auto – da lag eine tote Frau!

Allmählich begann er, die Situation zu realisieren – als würde er selbst langsam auftauen und etwas aus ihm herausbrechen. Er fasste sich, holte den fehlenden Schuh aus dem Auto und zog ihn so schnell er konnte über den pitschnassen Fuß. Dann rannte er hinüber zur Bibliothek, um die Polizei zu rufen.

Kurz darauf trafen mehrere Angehörige der Kriminalpolizei und ein Wagen der Feuerwehr auf dem Parkplatz ein. Zusammen mit zwei Kriminaltechnikern erschien auch der Leiter der Untersuchung der Kriminalpolizei von Mitte, Gerhardt, am Tatort.

»Da fahr ich selber hin!«, hatte er gerufen, als ihn die Nachricht erreichte, man habe mitten auf der Spreeinsel an der Protokollstrecke des Politbüros eine tiefgefrorene Frauenleiche gefunden.

»So kann ich mir selbst ein Bild von der Lage machen«, sagte er, als er in seinen Dienstwagen stieg. »Ihr haltet solange hier die Stellung, Genossen.«

Obwohl er erst Mitte dreißig war, hatte er bereits einige Tote zu sehen bekommen. Die Volkspolizei war natürlich immer zuerst vor Ort, wenn jemand einen Leichenfund meldete. Die Tatsache, dass Gerhardt besonderen Wert darauf legte, möglichst oft selbst als einer der Ersten am Tatort zu sein, forderte ihm nebenbei eben auch ab, den unveränderten Anblick von Toten ertragen zu lernen. Brandopfer nach Hausbränden, erst sehr spät entdeckte Verstorbene, Opfer schwerer Verkehrsunfälle, Selbstmörder, eine aus einer Schleuse an der Spree gezogene Wasserleiche – den verschiedensten, übel zugerichteten Toten war der Hauptmann der K schon begegnet. Eine tiefgefrorene Frau aber war ihm noch nicht untergekommen. Ort und Art des Leichenfundes erschienen ihm sogar kurios.

»So ein Mistwetter!«, entfuhr es einem der eintreffenden Beamten. »Wir müssen uns echt beeilen mit der Spurensicherung. Es taut, es matscht, unsere Spuren fließen weg. Also Beeilung, Kollegen, keine Zeit verlieren!«

Die Männer stapften los. Ein großer Teil des Schnees, der bis eben noch die Beine der völlig steifen Toten umhüllt hatte, war bereits abgefallen. Die Befragung des Zeugen wurde anberaumt.

»Nee, da war niemand auf dem Parkplatz«, beantwortete der junge Wagenbesitzer die Frage des Polizisten. Inzwischen hatte er sich sichtlich beruhigt. »Hab 'nen wahnsinnigen Schreck bekommen, als der Brocken auf meiner Kühlerhaube gelandet ist. Ein mächtiger Rums war das.« Ungläubig schüttelte er den Kopf.

»Kannten Sie die Tote?«

»Noch nie gesehen, die Frau.«

»Ich hoffe, Sie haben nichts angefasst am Tatort?«, fragte der Kriminalist mit hochgezogenen Augenbrauen.

»Nee, natürlich nicht. Bin gleich in die Bibliothek, um die Polizei anzurufen. Danach bin ich wieder raus. Hat auch kein anderer was berührt.«

»Gut, dann können Sie jetzt gehen. Aber lassen Sie bitte noch Ihre Personalien vom Kollegen aufnehmen, ja?«

Der junge Mann trottete davon und fuhr dann mit dem Taxi nach Hause.

Während einer der Kriminaltechniker sich daran machte, Fotos von Tatort und Leiche aufzunehmen, betrachtete Gerhardt die Tote genauer. Soweit es ohne eine Lageveränderung festzustellen war, trug die Frau nichts an den Beinen. Auch ihre Unterwäsche schien zu fehlen. Dafür hatte sie einen knielangen Wintermantel an.

Den Hauptmann beschlich eine düstere Vorahnung. Er atmete tief durch und schaute sich dann das Gesicht genauer an: Die Tote war noch jung, Mitte zwanzig vielleicht. Sie schien überhaupt nicht verwest zu sein; die Kälte hatte ihren Leichnam offenbar konserviert, so dass er in einem guten Zustand war. Es war nicht leicht, ihren Gesichtsausdruck zu interpretieren. Die starren, aufgerissenen Augen und der etwas geöffnete Mund hätten Erschrecken oder Wut ausdrücken können. Allerdings fehlte der Rest der Spannung, der sich sonst im Gesicht einer aufgebrachten lebenden Person finden lässt. Letztendlich blickte Gerhardt hier nur in eine Maske, einen zurückgebliebenen Abdruck dessen, was einst das Gesicht einer Person gewesen war.

Dem Ermittlungsleiter fiel es leichter, sich dem fremden Gesicht mit professioneller Distanz zu nähern – als wäre es ein gewöhnlicher Gegenstand, den er da untersuchte. Die aus seinem Hinterkopf hervordrängende Vorstellung, wie es wäre, wenn dieses starre Frauengesicht noch lebendig wäre, wenn es eine Mimik besäße, unterdrückte er bewusst. Es hatte Dienstjahre gebraucht, diese Haltung anzunehmen.

Erneut betont schwer ausatmend, trat er vom Wagen zurück. Leutnant Glöckner, der Tatortfotograf, brauchte Raum für seine Arbeit. Mit der Praktica in der Hand war der Kriminaltechniker ganz in seinem Element. Er benutzte ein Modell der vierten Generation und behandelte es wie seinen Schatz.

»In unserem Land werden eindeutig die besten Kameras der Welt hergestellt. Das schafft sonst keiner«, pflegte Glöckner zu proklamieren, wenn ihn jemand nach seinem Arbeitsgerät fragte. Die Fotografie war für ihn nicht nur ein berufliches Handwerk, sondern auch eine private Leidenschaft. Für die Volkspolizeiinspektion in Mitte war das ein Glücksfall. Die Sicherheit und Genauigkeit, mit der Glöckner seine

Aufnahmen anfertigte, erleichterten die Dokumentation und Auswertung von Beweismaterial deutlich. Die Fotografien mussten in einem separaten Raum im Inspektionsgebäude entwickelt werden. Diese Aufgabe wurde nicht einfach an jemanden von außen delegiert, sondern gehörte zum Beruf der Kriminaltechniker. Allerdings widmete sich diesen Aufgaben nicht jeder Kriminalist mit dem gleichen Geschick und der Sorgfalt wie Glöckner. Wenn er nicht draußen im Einsatz war, beugte er sich mit großer Wahrscheinlichkeit gerade über ein Fixierbad. Während er bei Rotlicht in der Dunkelkammer beschäftigt war, konnten seine Kollegen ihn nur telefonisch erreichen.

Jetzt arbeitete Glöckner beinahe wie eine Maschine. Die Kriminaltechniker gehörten immer zu den Ersten an allen potenziellen Tatorten und waren an den Umgang mit Leichen noch besser gewöhnt als der Untersuchungsleiter. Glöckner war sonst eigentlich nicht das, was man sich unter einem harten Burschen vorstellte. Das Fotografieren von Toten war für ihn trotzdem nur ein technischer Vorgang. Er begegnete den grausigen Szenarien seines Berufes hauptsächlich durch Linse und Objektiv. Dafür war er dankbar. So konnte er Abstand gewinnen und den Leichen ein klein wenig ferner bleiben als sein Kollege Holetzki. Dieser schien abgebrüht und immer zu Scherzen aufgelegt zu sein. Er hatte ein einnehmendes Wesen, er unterhielt die Leute. Der Oberleutnant gehörte zu der Sorte untersetzter Schnauzbartträger, die entweder einen feixenden oder aber einen müden Eindruck machen. Dadurch unterschied er sich deutlich vom immer sauber rasierten, fleißig und manierlich anmutenden Glöckner. Dessen graues Haar in Verbindung mit seinem steten Bemühen um umfassende Korrektheit ließ ihn oft wie den Vorgesetzten wirken. In Wahrheit jedoch arbeitete er im Schatten seines Kollegen und hatte auch den niedrigeren Dienstgrad.

Gerade versuchte Holetzki, mit einem Thermometer die aktuelle Temperatur in einem Mundwinkel der Leiche festzustellen. Ein Unterfangen, das sich aufgrund der Totenstarre als schwierig herausstellte, gleichzeitig aber seine Geistesgegenwart bewies: Er hatte bereits vorausgedacht und bemühte sich, den Gerichtsmedizinern die Arbeit an einem so fragilen Untersuchungsobjekt zu erleichtern, indem er so schnell wie möglich die Ausgangstemperatur für die Auftauprozedur protokollierte. Währenddessen beeilte sich Glöckner mit einem Maßband, das er neben die verschiedenen Positionen des Fundorts gelegt hatte, einen Größenmaßstab für die spätere Beweisauswertung herzustellen und die wichtigsten Aufnahmen abzuschließen, bevor der Abtransport der Toten angeordnet wurde. Denn in Absprache mit der Feuerwehr wurde schnell klar, dass die Leiche sofort unter kontrollierten Bedingungen in die Gerichtsmedizin gebracht werden musste.

Die Feuerwehrleute organisierten einen Kühlwagen und hoben den Körper auf eine feste Bahre.

»Hey, packt mal mit an!«, rief einer seinen Kollegen zu, »die Frau bricht uns sonst auseinander!«

Das Manöver war umständlich und musste trotz der Eile mit größter Vorsicht durchgeführt werden. Als die Leiche für die Fahrt gesichert im Kühlwagen abfuhr, stellte sich die erste Erleichterung bei den Beteiligten ein. Jetzt musste erst einmal die Gerichtsmedizin ihre Arbeit machen.

Hauptmann Gerhardt fuhr zurück in sein Büro. Während der Fahrt fiel die Anspannung etwas von ihm ab – ebenso wie die innere Blockade gegen seine eigenen Befindlichkeiten zu der Sache. Noch bevor er wirklich bemerkte, wie seine Gedankengänge eine Eigendynamik entwickelten, entspannen sich die Überlegungen zu Persönlichkeit, Todesumständen oder einer möglichen Familie der Frau. Er selbst war gar nicht so viel älter als die Tote, die da einfach aus einem Schneeberg gefallen war. Solche Funde ließen ihn nicht kalt. Am Tatort und während der Arbeit musste er funktionieren; von einem Kriminalisten erwartete man das. Im Vordergrund stand dann der letzte Dienst an der verstorbenen Person. Sorgfältig zu arbeiten, alles zu erfassen, was für die Aufklärung des Falls wichtig und notwendig war und gegebenenfalls zur Ergreifung des Täters führen konnte, hatte Priorität. Da konnte man nicht einfach weich werden und in emotionale Grübeleien verfallen. Doch das war einfacher gesagt als getan. Seine Gefühle drohten zuweilen überzuborden.

Gerhardt zwang sich dann selbst wieder in eine professionelle Haltung zurück: »Was ist hier passiert? Was ist der Vorgang? Welche Spuren muss ich beachten? Was muss sofort erledigt werden?« Dieses kleine Mantra half ihm dabei, die Spur zu halten. Jetzt gab es erst einmal Arbeit zu erledigen.

Auch zu Hause dauerte es oft lange Zeit, bis er von den schlimmen Fällen sprach.

»Hattest du einen harten Tag?«, fragte ihn seine

Frau Helga dann, wenn er abends mit abwesendem Blick auf dem Sofa saß.

»Hm, ja. Entschuldige. Ich kann so schwer abschalten.« Er zuckte mit den Schultern und brachte nur ein schiefes Lächeln zuwege. »Aber du weißt ja, dass offene Fälle der absoluten Geheimhaltung unterliegen. Also frag besser nicht.« Außerdem wollte er all die Grausamkeit partout nicht mit ins heimische Wohnzimmer bringen. Helga verstand das und hakte nicht nach. Manchmal reichte es Gerhardt auch schon, mit den Kollegen nach Feierabend die Beklommenheit solcher Tage mit ein paar Bier wegzuspülen. Sie wussten, wie er sich fühlte; sie kannten die Schwierigkeit, Distanz zu wahren, aus eigener Erfahrung.

Noch hatte er allerdings keinen Feierabend und zügelte seine Gedanken, um sich auf die Arbeit zu konzentrieren und dem Fall der Toten im Schnee nachzuspüren.

Die Gerichtsmediziner tauten die Frauenleiche über drei Tage langsam in einer Kühlkammer auf und untersuchten sie sorgfältig. Die Obduktion ergab, dass sie vergewaltigt und erwürgt worden war. Ihren Ausweis und persönliche Sachen trug sie bei sich. Es handelte sich um eine 27-jährige DDR-Bürgerin aus Berlin-Pankow. Die Würgemale am Hals wurden noch einmal im Detail fotografiert und Spermaspuren sichergestellt. Die Sicherung von DNS war in den achtziger Jahren in der DDR längst keine Seltenheit mehr. Auch wenn die Ergebnisse der Auswertung solcher Spuren auch noch nicht als Beweis vor Gerichten zugelassen waren, leisteten sie den Ermittlern als Indizien doch oft eine große Hilfe.

Der Obduktionsbericht sowie die Angaben zur Person erreichten den Untersuchungsleiter der K in Mitte kurz vor der Mittagspause. Unter diesen Umständen verschob Gerhardt die Pause gern. Seine Neugier wuchs, was diesen Fall betraf. Ohne Genugtuung stellte er fest, dass sich seine anfängliche Vermutung, es könne sich um ein Sexualdelikt handeln, zutraf. Nun gab es eigentlich nichts mehr zu tun, als den Fall ein Stockwerk höher im Dezernat II bei der Morduntersuchungskommission, kurz MUK, abzugeben.

Bei der abschließenden Durchsicht der Akte aber wurde er stutzig. Der Name der Toten kam ihm bekannt vor.

Und plötzlich erinnerte er sich: »Katja Lehmann, Katja Lehmann – das ist doch die junge Frau, die im Dezember als vermisst gemeldet wurde!«

Er atmete tief durch und spürte, wie seine Konzentration blitzartig wieder zunahm. Voller Eifer ließ sich Gerhardt die Akte des Vermisstenfalls bringen und sah sie noch einmal genau durch. Ein großer Teil der Ermittlungsarbeit, die nun normalerweise für die Genossen von der MUK angestanden hätte, war von ihm und seinen Leuten ja bereits erledigt worden. Gerhardt rief sich die Details der Ermittlungen ins Gedächtnis zurück.

Der Fall begann im Dezember 1985 auf dem Berliner Weihnachtsmarkt am Alexanderplatz. Es herrschte nicht nur an den Ein- und Ausgängen Gedränge, sondern auch vor den verschiedenen Buden. Zwischen den zahlreichen Besuchern bahnten sich regelmäßig auch zwei Volkspolizisten ihren Weg. Sie waren nur für den Weihnachtsmarkt zuständig und wurden von einem Teil ihrer Kollegen offen für ihren Einsatzort beneidet. Sie würden den Tag sicherlich an den Glühweinständen verbringen, während der Rest der Volkspolizisten im Büro oder auf der Straße ihren Dienst verrichten mussten, spotteten manche. Denjenigen jedoch, die selbst schon einmal auf dem großen Markt Streife gelaufen waren, konnte man damit nur ein Kopfschütteln entlocken. Denn spätestens nach einer Stunde war der Weihnachtszauber für die Diensthabenden verflogen, und es stellte sich Stress ein. Stundenlang im Menschengewirr aufmerksam zu bleiben, verlangte der Konzentration deutlich mehr ab, als im warmen Büro zu sitzen und geordneten Dienst am Schreibtisch zu schieben. Außerdem waren die Beamten ständig mit Anfragen der Besucher beschäftigt, gaben Richtungsweisungen zum Ausgang oder zu den Toiletten. Vermisste Kinder und betrunkene Störenfriede beendeten die Rundgänge oft vorzeitig und straften die Vorurteile der spöttelnden Kollegen Lügen. Es war nicht nötig, viele Polizisten für die kleinen auf dem Weihnachtsmarkt anfallenden Delikte abzustellen. Für diejenigen, die tatsächlich Dienst hatten, war es aber trotzdem eine Erleichterung, wenn sie endlich von der Streife zurück in das Büro der Weihnachtsmarktleitung kamen.

An einem Dezemberabend wurden die diensthabenden Polizisten von einer jungen Frau angehalten.

»Meine Freundin ist verschwunden!«, erklärte sie aufgeregt.

Der Beamte versuchte, sie zu beruhigen, und fragte nach den näheren Umständen, worauf die Frau kräftig ausatmete und sich sammelte: »Wir sind zusammen über den Markt gebummelt, haben was gegessen und Glühwein getrunken. Eigentlich wollten wir zusammen nach Hause gehen, aber plötzlich musste Katja aufs Klo. Sie ist dann rüber zu den S-Bahn-Bögen gelaufen. Da gibt's 'nen Toilettenwagen, in der Dircksenstraße.«

»Wann war das? Können Sie sich erinnern?«

»So gegen neun, halb zehn. Es war schon stockdunkel.« Tränen traten ihr in die Augen. »Wo kann sie denn nur sein?«

»Was passierte dann?«, hakte der Polizist nach.

»Ich habe 'ne ganze Weile gewartet, dachte ja, sie kommt gleich zurück. Bestimmt zwanzig Minuten. Es war ja auch ganz schön kalt. Irgendwann bin ich dann zu den Toiletten rübergelaufen. Hab nach Katja gerufen und geschaut, ob ich in den Abteilen unten irgendwo Füße sehe. Aber sie war nirgends.«

»War sonst jemand da, den Sie hätten fragen können? Draußen vielleicht, vor dem Wagen?«

»Nee, da war keiner. Hat mich auch gewundert, schließlich muss jeder irgendwann aufs Klo. Ich bin dann kurz hin und her gelaufen, hab sie noch mal gerufen. Aber da war es ganz schön dunkel, in der Ecke. Ziemlich gruselig alles. Über mir ist dann noch die S-Bahn vorbeigerumpelt. Natürlich habe ich mir Sorgen um Katja gemacht. Klar, erst war ich genervt, aber dann ... Deshalb bin ich dann zum Weihnachtsmarkt zurück und habe einen Polizisten gesucht.«

»Vielleicht ist Ihre Freundin doch schon ohne Sie nach Hause gegangen? Weil sie Sie nicht wiedergefunden hat, als sie zurückkam?«

Die junge Frau überlegte angestrengt und nickte schließlich. »Kann natürlich sein. Vielleicht sind wir ja in dem Gedränge auf dem Markt aneinander vorbeigelaufen.«

»Eben.« Die beiden Volkspolizisten schauten sich kurz an und zuckten dann mit den Schultern. In gelassenem Tonfall, der von einem langen Tag im Umfeld von aufgeregten Weihnachtsmarktbesuchern herrührte, erklärten sie: »Leider können wir erst mal nichts weiter für Sie tun. Ihre Freundin ist eine erwachsene Frau, vielleicht hat sie sich einfach umentschieden. Nur weil sie eine Verabredung versäumt hat, ist sie ja noch kein Fall für die Polizei. Sie wird sich schon wieder anfinden. Und wenn Sie sie morgen auch nicht zu Hause antreffen, werden wir uns selbstverständlich darum kümmern.«

Sie nickten der Frau kurz zu, machten kehrt und verschwanden zwischen den Besuchern.

Nur widerwillig fand sich die Frau mit diesem Ergebnis ab. Da beide Freundinnen im gleichen Betrieb arbeiteten, wollte sie nun bis zum nächsten Tag warten. Sie würde nachfragen, was losgewesen war, wenn sie sich in der gleichen Schicht begegneten. Die junge Frau machte sich also auf den Weg nach Hause.

Ihre Hoffnungen allerdings wurden enttäuscht. Lehmann erschien nicht zur Arbeit und ließ auch sonst nichts von sich hören. Mit der festen Absicht, nicht eher zu gehen, bis eine richtige Suche anberaumt würde, machte sich die Zeugin zur nächsten Polizeiwache auf. Dieses Mal musste sie sich kaum ins Zeug legen – die Beamten nahmen die Vermisstenanzeige ohne Murren auf.

Als die Nachricht bei Gerhardt eingetroffen war, eröffnete er als Untersuchungsleiter des Bezirks das übliche Ermittlungsverfahren. Zunächst legte er die weiteren Schritte fest. Dass eine Person in Berlin kurzfristig oder für immer verschwand, war zuvor nicht an der Tagesordnung, aber bei Weitem auch keine Seltenheit. Gerade bei einer jungen Frau gab es viele mögliche Erklärungen für ein plötzliches Verschwinden. Es galt also zunächst, etwas über ihr Umfeld und die Lebensumstände herauszufinden, um erste Anhaltspunkte zu erarbeiten. Dafür ließen sich natürlich nicht einfach nur zwei Streifenpolizisten abstellen; diese Aufgabe war unter mehreren Ermittlungsgruppen aufzuteilen. Als Erstes setzte der Untersuchungsleiter die Kriminaltechnik auf die Wohnung an und wollte sie auch gleich begleiten. Zuvor wies er aber noch diejenigen Aufgaben, die eine längere Bearbeitungszeit erforderten, anderen Kriminalisten zu. Die Spezialisten für Betrugsfragen widmeten sich Ungereimtheiten in den Finanzen oder geschlossenen Verträgen der Vermissten; zwei weitere Beamte wurden mit der Befragung des persönlichen Umfelds betraut. Denn es empfahl sich unter dem Zeitdruck eines Vermisstenfalls, mit den intimsten und persönlichsten Anknüpfungspunkten zu beginnen.

Sobald Holetzki und Glöckner in Gerhardts Büro traten, grüßte er kurz freundlich und bestellte telefonisch den Schlüsseldienst zur Wohnung der Vermissten. Gleich darauf fuhren alle drei gemeinsam zur Pankower Adresse. Dort trafen sie den Schlüsseldienstmitarbeiter vor einem vierstöckigen alten Mietshaus.

»Ah, guten Tag, die Herren Volkspolizisten«, grüßte der stark zu einer Seite gebeugt gehende Schloss- und Schlüsselmacher. Er arbeitete bereits über dreißig Jahre in diesem Beruf und hatte schon aus verschiedensten sonderbaren Gründen die Türen von Privatwohnungen geöffnet. Für die Polizei zu arbeiten, gehörte auch dazu und war schon lange nicht mehr aufregend. Die Polizisten grüßten zurück, verpassten aber die kurze Gelegenheit, sich ordnungsgemäß vorzustellen. Denn der Schlüsseldienstmitarbeiter lief, ohne innezuhalten, an ihnen vorbei zur Tür und schloss auf. Sie folgten ihm hinein ins Treppenhaus.

Der Alte redete etwas lauter weiter vor sich hin, drehte sich aber gar nicht erst zu den Polizisten um. Im Rhythmus der gemächlichen Schritte, mit denen er die ersten Treppenstufen hinaufstieg, fragte er mit einem Anflug von Entnervtheit in der Stimme: »Dat is aber nich so eine Kiste, wo da einer vor sich hin modert, oder? Dit kann ich grade noch jebrauchen.«

»Das wollen wir mal nicht hoffen«, erwiderte Gerhardt verdutzt.

Mit etwas Verzögerung setzte Holetzki an den Schlosser gerichtet nach: »Und wenn Sie einen Zahn zulegen, sind wir auch oben, bevor der Tod eintritt.«

Der Alte bewegte sich wirklich unerträglich langsam. Sie mussten nur in den dritten Stock, schienen aber minutenlang unterwegs zu sein. Das Haus war ein Altbau und verströmte den typischen, leicht muffigen Geruch: Backsteinkeller, Holzgeländer und die jeweils auf halber Treppe befindlichen Toiletten sorgten dafür, dass man diese Art von Wohnhaus auch blind hätte wiedererkennen können.

An der Wohnungstür angekommen, schloss der Bucklige auf, trat einen Schritt zur Seite und quittierte die getane Arbeit mit einem gleichgültigen »So.«
»Gut, danke. Sie können dann gehen.« Diesmal bestand Gerhardt darauf, dem Alten die Hand zu schütteln und sich nicht ignorieren zu lassen. Außerdem wollte er damit unterstreichen, dass er keine weitere Gesellschaft bei der anstehenden Arbeit wünschte. Die hohlen Kommentare eines Griesgrams konnten sich die Polizisten da drinnen auch ersparen.
Der Schlüsselmann humpelte davon, und Holetzki schlug hinter ihm die Tür zu. Bald stellten die Beamten fest, dass es im Inneren der Einraumwohnung zu dritt schnell recht eng wurde. Deshalb beschäftigte sich Holetzki in der Küche, während die anderen beiden das Wohnzimmer untersuchten. Die Vermisste trafen sie wie erwartet nicht an. Es wäre ja möglich gewesen, dass sie in der Zwischenzeit nach Hause zurückgekehrt war, aber das hielt Gerhardt inzwischen schon nicht mehr für wahrscheinlich.
Die Wohnung war spartanisch eingerichtet, verfügte aber über alles, was man brauchte: Ein Einpersonenbett mit Beistelltisch, ein Schreibtisch und Kleiderschrank sowie ein kleiner Fernseher waren alles, was sich hier an Einrichtung befand. Das Zimmer war sehr aufgeräumt und zeigte keine Spuren eines Kampfes oder einer hastigen Flucht. Vorsichtshalber machte Glöckner trotzdem einige Bilder vom Raum. Danach warfen sie einen Blick in den Kleiderschrank, schauten in der Küche nach vorhandenen Betäubungsmitteln oder ähnlichem und suchten vergeblich nach persönlichen Briefen.

»Nichts«, sagte Holetzki resignierend.

Mit einem nachdenklichen Nicken pflichtete Gerhardt ihm bei: »Hoffen wir, dass die anderen Genossen mehr Erfolg haben als wir. Könnt ihr gleich mal zu den Toiletten in der Dircksenstraße fahren? Vielleicht gibt es dort ja doch etwas, das bislang übersehen worden ist.« Echte Hoffnungen darauf, auf einer am Tage viel besuchten öffentlichen Toilette noch brauchbare Spuren zu entdecken, hatte Gerhardt allerdings nicht. Aber er wollte nichts unversucht lassen.

»Na klar, sind schon auf dem Weg«, erwiderte Holetzki mit einem leichten Seufzer. »Bist du fertig, Glöckner?« Auch ihm war klar, dass die Arbeit bei den Toiletten unangenehm werden und wahrscheinlich ergebnislos sein würde.

Gerhardt fuhr zurück zum Inspektionsgebäude in der Keibelstraße. Dem Zustand der Wohnung nach zu urteilen, konnte zumindest davon ausgegangen werden, dass die Vermisste nicht vor Ort überfallen worden war. Auch eine geplante Republikflucht oder ein Abtauchen hätten sich eher vermuten lassen, wenn sie irgendwelche persönlichen Dinge mitgenommen hätte. Der Kleiderschrank war jedoch gefüllt, die Kleidung ordentlich aufgehängt oder zusammengelegt. Hätte sie sich aus dem Staub machen wollen, dann mit nicht viel mehr als den Sachen, die sie am Abend ihres Verschwindens am Leibe und bei sich getragen hatte. Ohne die Informationen aus ihrem Umfeld ließen sich aber keine Zusammenhänge herstellen.

Die Lage blieb unbestimmt. Schleuser waren erfinderisch, wenn es darum ging, ihre Spuren zu verwischen. Allein dass es sich um einen Fall von Selbstmord handeln könnte, hielt Gerhardt für ausgeschlossen. Denn wer geht erst mit der Freundin und Kollegin auf den Weihnachtsmarkt, amüsiert sich, um sich danach ohne Verabschiedung und mit der Ausrede, auf die Toilette zu müssen, das Leben zu nehmen? Das war Unsinn.

Vor Ende ihrer Schicht kamen Glöckner und Holetzki noch in Gerhardts Büro vorbei.

»Ich muss dich enttäuschen, Genosse.« Holetzki trat an den Schreibtisch seines Vorgesetzten. »Da war einfach nichts Brauchbares zu finden. Wir haben auch um den S-Bahn-Bogen herum gesucht. Nichts. Da sind inzwischen einfach zu viele Leute unterwegs gewesen. Aber Glöckner hat trotzdem einige Bilder gemacht – für einen späteren Abgleich.« Er klopfte zweimal an die Innenseite des Türrahmens, um sich zu verabschieden.

Mit einem Anflug von Eifer in der Stimme, der wohl die Stimmung heben sollte, erklärte Glöckner: »Ich mache mich noch ans Entwickeln der Bilder. Darauf erkennt man manchmal doch noch etwas, das man vor Ort mit bloßem Auge völlig übersehen hat.« Dann verabschiedete auch er sich, machte auf dem Absatz kehrt und verschwand in den Gängen des Polizeigebäudes.

Es dauerte ein paar Tage, bis auch die Ergebnisse der Ermittlungsgruppe, die für die Lebensumstände der Vermissten zuständig waren, bei Gerhardt auf dem Schreibtisch landeten. Die Beamten hatten mit der Mutter, mit Freunden, Vorgesetzten und Kollegen gesprochen und ziemlich konsistente Informationen über Katja Lehmann erhalten: Sie lebte allein und hatte allem Anschein nach auch keinen Liebhaber, mit dem sie hätte durchbrennen können. Es gab auch keine Anzeichen dafür, dass sie unglücklich schwanger war oder in einer anderen persönlichen Krise steckte. Der Vater war bereits vor langer Zeit verstorben, und zur Mutter unterhielt sie ein eher schwieriges Verhältnis. Die junge Frau hatte daher schon früh auf eigenen Beinen gestanden und ihr Leben ordentlich geregelt. Sie hatte die Schule bis zur zehnten Klasse besucht und danach eine Ausbildung zur Schneiderin gemacht. Daran schloss sich die Tätigkeit in einem großen Berliner Textilbetrieb an. Dort wurden unter anderem hochwertige Herrenanzüge hergestellt, die zum großen Teil für den Export bestimmt waren.

Das gab Anlass, zumindest im Hinterkopf zu behalten, dass dieser Umstand bei Lehmann eventuell zu politischer Verunsicherung hätte führen können. Es war ziemlich verbreitet, dass DDR-Bürger sich darüber aufregten, wenn die Produkte, auf die sie besonders stolz waren, nicht auf dem Binnenmarkt landeten. Sie produzierten sie zwar, konnten sie aber selbst nicht kaufen.

»Deshalb verlässt man natürlich nicht gleich das Land«, dachte Gerhardt, aber im Moment musste jedes Indiz sorgsam geprüft werden.

Die junge Frau war kein Parteimitglied. Lediglich dem FDGB, dem Freien Deutschen Gewerkschaftsbund, gehörte sie an. Sonst war sie politisch sehr unauffällig. Bei Kollegen und Betriebsleitung stand Lehmann in hohem Ansehen. Sie stellte sich bei der Arbeit klug und geschickt an, war fleißig und zuverlässig. Außerdem zeigte sie sich wohl recht kollegial und übernahm dann und wann Schichten für andere, wenn sie gefragt wurde. So hatte sie auch privat ein gutes Verhältnis zu Kollegen aus dem Betrieb. Auch ließen sich keine Hinweise auf gepflegte Kontakte in den Westen feststellen. Alles sah nach einem soliden Umfeld aus.

Das allerdings war keineswegs normal. Fast in jeder Biografie fanden sich Probleme und Ausreißer, auch wenn sie nicht unbedingt den untersuchten Fall erklärten. Das Leben der aktuell Vermissten aber schien wie glattgebügelt. Da war kein Anhaltspunkt für weitere Ermittlungen festzustellen.

Fürs Erste blieb Gerhardt nichts weiter übrig, als auf die Ergebnisse der Betrugsgruppe zu warten. Erst dann konnte er erneut prüfen, in welche Richtung sich die Untersuchung noch ausdehnen ließ. So schnell gab er nicht auf. Inzwischen war jedoch besorgniserregend viel Zeit vergangen. Er musste sich nun vorerst anderen Untersuchungen widmen und auf den Erfolg der Ermittler hoffen.

Zwei Tage später erschienen die beiden Beamten, die er auf die Finanzen der Vermissten angesetzt hatte, in Gerhardts Büro und gaben ihm ein ernüchterndes Resümee der Lage.

»Die Vermisste hatte keinerlei Schulden«, begann der eine Ermittler. »Sie verdiente als Schneiderin natürlich nicht besonders viel. Dementsprechend übersichtlich sind auch ihre Ausgaben. Von ihrem Konto gingen regelmäßig die fixen Kosten für Miete, Strom und Gas ab. Wir haben für die letzten Monate keine größeren Geldabhebungen gefunden. Abgesehen davon, dass sie die auch gar nicht zur Verfügung gehabt hätte.«

»Ihre Einkünfte passten also zu ihrem Lebensstil, auf den ihre Wohnung und die Einrichtung schließen ließen«, sinnierte Gerhardt.

»Wir haben auch keine Hinweise auf irgendwelche Nebeneinkünfte entdeckt. Prostitution, Schieberei oder dergleichen«, fügte der zweite Beamte hinzu.

»Also wahrscheinlich auch keine Verbindung zum Milieu. Das hätte uns die Grundlage für weitere Ermittlungen in diese Richtung liefern können.« Gerhardt überlegte angestrengt. »Gab es irgendwelche finanziellen Belastungen, mit denen irgendwer sie hätte erpressen können? Habt ihr da was gefunden?«

»Nichts. Scheint alles sauber zu sein.«

»Verdammt!«, dachte Gerhardt in einem Anflug von Frustration. Er konnte es absolut nicht leiden, Fälle nicht vollständig aufzuklären. Und da Vermisstenakten nie geschlossen werden, bahnte sich hier gerade an, dass ihm ohne weitere Anhaltspunkte genau so etwas bevorstand.

Er hatte die Stirn in tiefe Falten gelegt und seine Kollegen deutlich zu lange angeschwiegen. Eine bedrückende Stimmung war im Raum entstanden. Sie saßen sich am Konferenztisch gegenüber, und die beiden Ermittler warteten, ob er weitere Anweisungen geben würde.

Gerhardt erkannte die unschöne Situation und zwang sich zu einem versöhnlichen Lächeln. »Na gut, Genossen. Dann danke ich euch erst einmal. Ich gebe euch Bescheid, wenn sich in der Sache noch Arbeit für euch ergibt.«

Die Besucher standen gleichzeitig auf und verabschiedeten sich. Gerhardt kehrte zu seinem Schreibtisch zurück und schaute nun mit angestrengtem Gesichtsausdruck aus dem Fenster. Er ging die bisherigen Informationen noch einmal vor seinem geistigen Auge durch, so als liefe er durch ein Labyrinth. Er bewegte sich von einer Information zur nächsten, vorerst ohne System. Er versuchte, Verbindungen herzustellen, Abkürzungen zu finden. Sein Ziel war der Ausgang. Er musste sich konzentrieren. Wo war er noch nicht gewesen?

»Die Toiletten! Mensch, die Müllabfuhr!«, entfuhr es ihm plötzlich. Er hatte bisher noch nicht überprüft, ob die Leute von der Stadtreinigung, die auch die öffentlichen Toiletten betreuten, vielleicht etwas bemerkt hatten. Er schnellte vom Stuhl hoch und griff zum Telefon. Es lag absolut kein Vorteil darin, im Stehen zu telefonieren, doch er hatte das Gefühl, es ginge dann schneller.

»Fragt doch bitte mal bei der Leitung der Stadtreinigung an, wer in der Nacht des Verschwindens der Frau Dienst an den Toiletten am Weihnachtsmarkt gehabt hat. Vielleicht ist irgendwem etwas aufgefallen. Ach, und überprüft bitte, ob sich unter dem Personal der Stadtreinigung Vorbestrafte befinden.«

Zufrieden legte er auf. Allein dass es einen neuen Ermittlungsstrang gab, war eine Erleichterung für ihn.

Nun musste sich also ein Polizist daran machen, eine riesige Menge an Karteikarten durchzusehen, auf denen sich alle persönlichen und beruflichen Informationen zu den Mitarbeitern befanden. Auch rechtliche Verfehlungen und Vorstrafen waren hier notiert.

Diese sachdienlichen Notizen galt es zu finden. Wie lange das dauern würde, war nur schwer zu sagen.

Noch vor einer Antwort aus der Stadtreinigung allerdings erhielt Gerhardt von seinen Kollegen schon am nächsten Tag ein paar Namen von Mitarbeitern, die in der Vergangenheit auffällig geworden waren. Darunter waren verschiedene Vergehen, von denen er bei der aktuellen Informationslage noch nicht viele als unwichtig ausschließen konnte. Auf jeden Fall gab die Liste ihm Anlass, selbst bei der Müllabfuhr anzurufen. Er stellte sich mit etwas Gewicht in der Stimme als der stellvertretende Leiter der Kriminalpolizei von Berlin Mitte vor und erhielt so einen Mitarbeiter der Betriebsleitung an den Apparat. Mit Nachdruck bat Gerhardt darum, schnellstmöglich in Erfahrung zu bringen, wer am Abend des Verschwindens der jungen Frau Dienst an den betreffenden Toiletten gehabt hatte, und ihn direkt zurückzurufen.

Eine Viertelstunde später klingelte sein Telefon. Er bekam einen Namen, einen von seiner Liste. Gerhardt tippte langsam und kraftvoll dreimal auf das Stück Papier, auf dem die Verdächtigen notiert waren. Stefan Münchow war zwar nicht vorbestraft, aber schon häufiger wegen der Belästigung von Frauen auffällig geworden. Er war bisher nie so übergriffig geworden, dass es zu mehr als einer Verwarnung gekommen wäre. Das gab aber Anlass nachzuhaken.

Die heiße Spur gab Gerhardt neuen Elan. Er ließ den Müllmann in die Polizeiinspektion bestellen und ordnete eine Vernehmung an. Bald würde er hoffentlich neue Informationen erhalten. Er wandte sich den anderen offenen Vorgängen auf seinem Schreibtisch zu. Die Vermisstensache war erst einmal wieder ins Rollen geraten.

Am folgenden Tag nahm der Mitarbeiter der Müllabfuhr im Warteraum einer Berliner Volkspolizeiwache Platz. Er wirkte drahtig und aufgeweckt, hatte dunkle Haare und trug einen Dreitagebart. Sein Gesicht war in ständiger Bewegung, die Gesichtsmuskulatur zuckte nervös und ließ ihn äußerst lebhaft erscheinen. Wenigstens war das der Eindruck der Polizistin, die ihn nach seiner Ankunft hatte Platz nehmen lassen.

»Ick soll mir hier vorstellen, ham se bei mir uff Arbeit jesagt«, hatte Stefan Münchow ihr nach seinem Eintreten recht unflätig mitgeteilt. Diese Schroffheit ignorierte sie gekonnt. Sie musste sich ja nicht lange mit ihm beschäftigen. Für das Verhör war der Genosse Köhler zuständig. Der würde schon fertig werden mit dem Kerl.

Leutnant Köhler kam in den Vorraum des Inspektionsgebäudes, stellte sich dem jungen Mann vor und bat ihn ins Vernehmungszimmer. Er führte häufiger die Erstvernehmungen durch. Dafür hatte er sich ausgezeichnet, weil es ihm besonders gut gelang, gleichzeitig handschriftlich Protokoll zu führen und trotzdem konzentriert den Verlauf der Vernehmung zu überblicken. Im Falle einer Erstvernehmung, wie sie hier anstand, waren die Anforderungen an die Ausbildung der Vernehmer noch nicht sehr hoch. Es galt vorerst nur, einige Indizien abzuklopfen.

Köhler führte Münchow in das Vernehmungszimmer und setzte sich ihm gegenüber an einen Tisch. Ein paar Bögen Papier und ein Stift lagen parat, daneben stand ein Glas Wasser.

»So, Herr Münchow, Sie arbeiten also bei der Stadtreinigung, ist das richtig?«, fragte der Kriminalist in gelassenem Tonfall, der aber andeutete, dass es sich nur um eine vorbereitende Frage handelte.

»Ja, jenau.« Der junge Mann schluckte merklich und schien angespannt auf die nächste Frage zu warten. Köhler blickte auf sein leeres weißes Blatt und hielt zwei Sekunden inne. Dann schaute er wieder zu Münchow auf.

»Und Sie sind auch mit der Reinigung der Toiletten im Stadtgebiet beauftragt?«

»Ja, ick mach alles mögliche: Straße, Toiletten, Mülleimer. Wat man eben bei der Müllabfuhr so macht«, antwortete der Verdächtige, während er sich im Sitz zurücklehnte.

»In Ordnung.« Köhler begann zu protokollieren und setzte diesmal gleich weiter nach. Er schaute auf, hob die Augenbrauen und fragte herausfordernd: »Wie ist denn Ihre letzte Schicht im Dezember verlaufen?«

Münchow beugte sich vor und stützte die Ellenbogen auf den Tisch. Er begann seine Antwort mit einem tiefen Einatmen: »Na, ick hab eigentlich fast den janzen Tach nur Sand jestreut. Hatte Spätschicht. Anjefang' hab ick jegen viere und uffjehört jegen zwölfe. Zwischendrin musste ick die Klos an der S-Bahn machen.« Er lehnte sich wieder zurück, atmete noch einmal tief durch und fuhr dann fort: »Na, und die Mülleimer natürlich um den Alex rum. Hab ick da irjendwat Falschet jemacht?«

Köhler ignorierte die letzte Frage und schrieb während des Sprechens weiter.

»Bei welchen Toiletten waren Sie genau an der S-Bahn, und um welche Uhrzeit war das?«

»Dircksenstraße, die Toilettenwagen. Uhrzeit weeß ick nich. War ja die janze Zeit unterwegs. War natürlich schon dunkel. Vielleicht jegen zehne?« Die Zeitangabe war deutlich wahrnehmbar als Frage formuliert.

Der Polizeibeamte erhob die Stimme: »Und ist Ihnen bei den Toiletten irgendetwas aufgefallen?«

Nun dauerte es ein paar Sekunden, bis Münchow sich wieder nach vorne beugte, erneut innehielt und dann ein knappes »Nö« herausbrachte. Das verdutzte selbst Köhler, der schon einige Vernehmungen durchgeführt hatte. Er schrieb einen Satz zu Ende, sah zu dem Verdächtigen auf und dann wieder auf sein Vernehmungsprotokoll.

»Ähm. Haben Sie bei den Toiletten eine Frau getroffen?«

Wieder antwortete der Mann mit den unruhigen Gesichtszügen abgehackt: »Nee. War keener da.«

Der Tonfall des Oberleutnants wurde herausfordernder: »Da war also niemand auf der Toilette – niemand von dem riesigen Weihnachtsmarkt, auf dem die Leute alle Eierpunsch und Glühwein trinken?«

»Genau. Ich habe keinen gesehen.« Die Antwort kam wie im Staccato. Der Verdächtige war sogar ins Hochdeutsche gewechselt. Er ließ eine kleine Weile vergehen, dann lehnte er sich wieder zurück und streckte die Beine unter dem Tisch.

Auf das Blatt Papier vor ihm starrend, fiel Köhler auf, dass er diese Antwort bereits suggestiv mit seiner Frage vorbereitet hatte. Er fluchte innerlich. Die nächste Frage aber formulierte er positiv und absichtlich ruhig: »Haben Sie eine Frau bemerkt?«

Die Augenbrauen des Befragten zogen sich zusammen. »Ick hab Ihnen doch jesagt, ick hab keenen jesehen. Da war keener, als ick da war. War doch auch nich lange. Abwischen, neuet Papier abstellen und jut.«

»Na gut, Herr Münchow«, sagte Köhler ernüchtert, »dann war es das fürs Erste. Wir melden uns bei Ihnen, wenn wir weitere Fragen haben. Halten Sie sich bitte verfügbar.«

Beide Männer standen auf und verabschiedeten sich im Vorraum voneinander. Köhler widerstrebte es, diesem Kerl die Hand zu schütteln. Er wirkte irgendwie aalglatt auf ihn. Aber ihm war ja bislang nichts nachzuweisen, also gab es keinen Grund, unhöflich zu sein.

Das Protokoll der Befragung ging sofort weiter an den Untersuchungsleiter. Nachdem Gerhardt das Dokument zweimal konzentriert gelesen hatte, legte er es enttäuscht beiseite. Ihm war klar, dass sich der Verdächtige schon sehr unvorsichtig verhalten musste, um sich bei der Erstvernehmung in größere Schwierigkeiten zu bringen. Sie hatten ihm ja nichts Konkretes vorzuwerfen. Es war gut möglich, dass der Müllmann mit der Sache tatsächlich nichts zu tun hatte. Die erneute Ergebnislosigkeit war jedoch umso schwerwiegender, weil sie die Kriminalpolizei wieder mit leeren Händen dastehen ließ. Sie saßen in einer Sackgasse.

In den kommenden Wochen war die Vermisste vom Weihnachtsmarkt immer wieder Teil der wöchentlichen Besprechungen, aber auch die letzten Gespräche mit entfernteren Freunden und Bekannten der Vermissten brachten keine brauchbaren Informationen.

Im März 1986 hatte nun das Tauwetter auf tragische Weise dafür gesorgt, dass die Polizei im Fall der vermissten Katja Lehmann aus der Sackgasse ausbrach. Nachdem er die bisherigen Vorgänge rekapituliert hatte, machte sich Hauptmann Gerhardt mit den nötigen Unterlagen persönlich und direkt zum Leiter des Dezernats II auf, dem die Morduntersuchungskommission unterstand. Er wollte damit sicherstellen, dass die Ermittlungssache gleich an der Stelle wieder aufgenommen würde, an der sie das letzte Mal gescheitert war: bei dem Müllmann.

Bei der MUK war man sich sofort einig darüber, dass das nun vorliegende Tötungsdelikt eine erneute, umfassendere Vernehmung notwendig machte. Mit großer Eile wurde der aktuelle Aufenthaltsort des Verdächtigen festgestellt. Zur Überraschung der Ermittler stellte sich heraus, dass der Gesuchte sich schon wenige Tage nach der Erstvernehmung bei seinem Betrieb um eine Versetzung bemüht hatte. Er hatte angegeben, sich um einen Teil seiner Familie in Thüringen kümmern zu müssen. Deshalb legte man ihm keine Steine in den Weg. Er konnte zügig umziehen und dort gleich in einem neuen Betrieb anfangen.

Die Berliner MUK veranlasste nun eine sofortige Überführung in die Hauptstadt. Als Thüringer Volkspolizisten den Verdächtigen zu Hause aufsuchten, setzte sich dieser widerstandslos und mit gesenktem Kopf in den Dienstwagen. Auf der Fahrt sprach er kein Wort. Scheinbar in Gedanken versunken, starrte er unablässig aus dem Fenster.

Da sich Münchow nun auf dem Weg zu ihnen befand, gerieten die Vernehmer der Morduntersuchungskommission in Berlin unter Zeitdruck. Sie reduzierten ihren Schlaf auf wenige Stunden, um sich rechtzeitig mit allen Details der bisherigen Ermittlungen vertraut machen zu können. Sie übernahmen für gewöhnlich alle Beschuldigtenvernehmungen bei Mordfällen in Mitte und waren speziell dafür geschult, die Gespräche zu lenken und Geständnisse herauszufordern.

In diesem Fall wurden sie aber vor eine besonders große Herausforderung gestellt: Während der Verdächtige in der Erstvernehmung noch emotional reagiert und eigenständige Ausführungen gemacht hatte, hielt er sich nun bedeckt. Lediglich zu einfachen Fragen zu Namen, Familie, Wohnorten und Arbeitsplätzen machte er knappe Angaben. Alle weiteren Versuche, ihn mit dem Verbrechen zu konfrontieren, blieben erfolglos. Außer einer Speichelprobe, welcher Münchow in der Annahme zustimmte, es handele sich um eine Standardprozedur, konnten die Vernehmer keine Fortschritte erzielen.

In einer Nachbesprechung wurde die bisherige Strategie analysiert. Man hatte sich um Ausführlichkeit bemüht, ihn sein Leben rekapitulieren lassen. Im Zuge dessen wurde er mit den bisherigen Vorwürfen wegen sexueller Belästigung konfrontiert. Allerdings ohne Reaktion. Die Vernehmer versuchten, aus mehreren Perspektiven und mithilfe verschiedener Anhaltspunkte detaillierte Aussagen zu seinen Handlungen an den Weihnachtsmarkttoiletten zu provozieren. Doch Münchow schwieg. Beide Polizisten waren sich einig, kurzzeitig eine stärkere emotionale Reaktion im Gesicht des Verdächtigen erkannt zu haben, als sie ihm von der gefundenen Leiche berichteten. Sie entlockten ihm allerdings kein einziges Wort. Letztendlich ließ man den Mitarbeiter der Stadtreinigung gehen, kündigte aber eine erneute Befragung an. Einen genauen Termin nannte man ihm jedoch nicht. Bewusst ließ man ihn im Ungewissen.

Bis zu einer erneuten Vernehmung galt es, die Informationsbasis zu stärken und eine neue Strategie zu entwickeln. Während Befragungen im Umfeld des Leichenfundorts durchgeführt wurden, ruhte die größte Hoffnung der Ermittler auf dem Abgleich der Speichelprobe mit dem an der Toten sichergestellten Sperma. Da die Polizisten inzwischen davon ausgehen konnten, dass der Verdächtige darauf spekulierte, durch konsequentes Schweigen alle weiteren Ermittlungsversuche auflaufen zu lassen, wurde beschlossen, ihn in dieser Strategie zu verunsichern.

Mit Zustimmung der bisherigen Vernehmer sollte die zweite Vernehmung durch zwei neue Spezialisten durchgeführt werden. Dazu hatte man auch schon Genossen aus einem anderen Bezirk im Auge, die sich in besonders verzwickten Fällen mit einer hohen Erfolgsquote hervorgetan hatten. Beide entwickelten im Vernehmungsraum eine beeindruckende Präsenz, die nur durch echtes Charisma und schauspielerisches Talent zu erreichen war. Früher oder später gaben es die meisten Verdächtigen auf, sich ihren Fragen zu entziehen. Das erhoffte man sich auch für diesen Fall.

Als während einer Besprechung die Ergebnisse der DNS-Untersuchung aus der Gerichtsmedizin hereingereicht wurden, bestellte man die neuen Vernehmer sofort in die Keibelstraße. Weniger mit Überraschung als mit gewachsener, grimmiger Entschlossenheit entnahm der Leiter der MUK dem Bericht, dass das an der Frauenleiche sichergestellte Sperma tatsächlich vom Verdächtigen stammte. Diese Information verschaffte den Polizisten – trotz der grausamen Umstände – etwas Erleichterung. Sie verfolgten demnach keine falsche Spur und liefen nicht Gefahr, in den folgenden Vernehmungen einen Unschuldigen zu bedrängen. Endlich hatten sie etwas gegen Münchow in der Hand. Zwar konnte der Verdächtige sich weiterhin demonstrativ in Schweigen hüllen, doch seine Hoffnung darauf, dass die Polizisten nur im Trüben fischen und ihn irgendwann vergessen könnten, ließen sich jetzt zerschlagen.

Die neuen Vernehmer bereiteten sich angesichts der veränderten Situation intensiv und zügig vor. Schon zwei Tage nachdem man sie hinzugezogen hatte, wurde Münchow von einem Polizisten in den Vernehmungsraum geführt. Er machte einen abgeschlafften Eindruck, hatte scheinbar jede äußere Spannung verloren, wirkte fast lethargisch. Nur das auffällige wiederholte Zucken um die Mundwinkel war geblieben. Er setzte sich auf den ihm zugewiesenen Stuhl an die lange Seite eines breiten Tisches. Der Polizist verließ den Raum, und Münchow blieb allein zurück. Mit hängenden Schultern und nach vorn geneigtem Kopf starrte er durch das Glas Wasser auf den Tisch. Sein Bart war weiter gewachsen, aber nicht richtig gestutzt, und machte so im Zusammenspiel mit der ständigen Bewegung der Mundwinkel einen wilden Eindruck. Fünf Minuten verbrachte er so, in Gedanken versunken, bis sich die Tür des Zimmers hinter ihm wieder öffnete. Erst als jemand um den Tisch herum ging und in seinem Augenwinkel auftauchte, bewegte der Verdächtige den Kopf in dessen Richtung.

Ihm gegenüber nahm nun ein hochgewachsener schlanker Mann um die Dreißig Platz und blickte ihm direkt ins Gesicht. Der Verdächtige fühlte sich unangenehm lange gemustert. Er blinzelte, blieb aber ruhig sitzen. Sein Gegenüber hatte hohe Wangenknochen und eine etwas breitere Nase. Die hohe Stirn war in Falten gelegt und die Mundwinkel waren ganz leicht nach oben gezogen, so dass Münchow den stechenden Blick des Vernehmers nicht wirklich deuten konnte. Sowohl aufgeschlossenes Interesse als auch ein böswilliges Lauern hätte sich dahinter verbergen können. Der eigentümliche Blickwechsel bannte ihn. Kaum bekam er mit, dass an der linken Seite des Tisches inzwischen noch jemand Platz genommen hatte. Erst als das Schweigen ihm beinahe unerträglich geworden war, seufzte Münchow und hob an, etwas zu sagen. Sofort unterbrach ihn sein Gegenüber mit erhobener Hand und benetzte sich daraufhin betont langsam die Lippen.

Endlich sprach er den Verdächtigen mit einer übermäßigen Betonung einzelner Silben an: »Mein Name ist Oberleutnant Matthies. Das ist mein Kollege Oberleutnant Träger.« Er wies mit einer Geste zu der Person an der ihnen entfernt liegenden Seite des Tisches. Dort saß in lässiger Haltung ein großer, massiger Mann hinter einer Akte und einem Tonbandgerät. Er nickte dem Verdächtigen zu. Matthies fuhr langsam und Gewicht in jedes Wort legend fort: »Wir werden heute die Vernehmung durchführen und diese auch aufzeichnen. Das kennen Sie ja schon vom letzten Mal, nehme ich an.«

Münchow nickte schweigend.

»Meine Kollegen haben mir schon mitgeteilt, dass Sie keine richtige Lust haben, mit uns zu reden. Wenn Sie so weitermachen, werden wir wohl sehr viel Zeit miteinander verbringen. Deshalb will ich Ihnen wenigstens etwas von mir erzählen.« Immer wieder machte er Sprechpausen, schürte so die Aufmerksamkeit des Gegenübers, bevor er dann, fortfahrend, einzelne Wörter lang gedehnt und besonders laut aussprach. Bei jeder dieser Betonungen öffnete er die Augen ein Stück weiter und hob den Kopf leicht an. In einem privaten Gespräch hätte das geradezu lächerlich wirken können. In diesem kalten Vernehmungszimmer aber und in Anbetracht des eisernen Ernstes in Matthies Gesicht entfaltete dieses Verhalten eher die entgegengesetzte Wirkung. Für den Befragten schien der Raum zu schrumpfen, und er hätte sich gerne wenigstens einen halben Meter mehr Distanz zwischen sich und dem Vernehmer gewünscht. Stattdessen lehnte sich Matthies sogar noch ein Stück vor, dem Verdächtigen entgegen.

»Ich persönlich«, der Polizist ließ vier quälende Sekunden verstreichen, »kann erbärmliche Grabscher und Vergewaltiger nicht ab. Ich verachte sie schon allein deshalb, weil sie es selbst nicht so weit bringen, dass sich eine Frau freiwillig auf sie einlässt. Ja, ich hasse sie sogar, weil sie miese Verbrecher sind und Leben zerstören. Die widerlichsten Geschichten sind mir da schon untergekommen. Das ganze Elend, die Opfer und ihre Angehörigen – da hätte ich schon oft heulen können, wenn ich eine schwächere Persönlichkeit hätte. Und wo wir gerade davon sprechen: Jedes Mal, wenn ich so einen Lustmolch, am Ende gar einen Vergewaltiger und Mörder vor mir habe, könnte ich kotzen. Und jetzt gerade wird mir auch schon wieder richtig schlecht. Woran liegt das wohl, was meinen Sie, hmm?« Herausfordernd hob er die Augenbrauen.

Münchow blickte zur Seite auf den Tisch hinab und schwieg. Allerdings zeigte sein Gesicht, dass ihn nicht kalt ließ, was er da hörte. Er hatte die gesamte Stirn in Falten gelegt, und seine Lippen kräuselten sich in sichtbarer Anstrengung.

Matthies setzte nach: »Sie müssen sich wohl auch ganz schön zusammenreißen, um nach meiner kleinen Vorstellung was drinnen zu behalten, wie?« Er grinste jetzt breit. »Ich habe doch noch gar nichts über Sie gesagt. Dabei gibt es da schon Einiges, über das wir unbedingt sprechen sollten.«

Mit einem kräftigen Stoß ließ Träger die geöffnete Akte am Verdächtigen vorbei über den Tisch in Matthies Hände schlittern. Dessen Augen weiteten sich ein wenig, als er deren Inhalt erkannte. Zwei Fotos lagen darin: Eines von einer nackten Frauenleiche und eine Großaufnahme ihres Gesichtes.

Oberleutnant Matthies nahm die Bilder abwechselnd in die Hand, betrachtete sie eingehend, schüttelte den Kopf, atmete hörbar aus. Dann schaute er wieder zu Münchow auf.

»Haben Sie noch nie eine Leiche gesehen?«
Der Müllmann schwieg.
»Gut, dann noch mal anders herum.« Inzwischen lag etwas Bedrohliches in der Stimme des Vernehmers. »Haben Sie schon einmal eine Leiche gesehen?«
Wie versteinert verharrte Münchow in gebeugter Haltung und starrte weiter schweigend auf den Tisch. Eine ganze Minute lang war nichts außer dem Atmen der drei Anwesenden zu hören. Dann stieß Matthies ohne Vorwarnung den Stuhl zurück, sprang auf und schlug mit der Faust auf den Tisch.
»Ich habe dich etwas gefragt!«
Erschrocken wich Münchow zurück und riss einen Arm zum Schutz vor das Gesicht. Mit einer Mischung aus Zorn und Verunsicherung sah er Matthies nun wieder direkt an. Auch der andere Vernehmer war aus seiner scheinbaren Teilnahmslosigkeit ausgebrochen und schaute wütend zu den beiden Männern herüber. Allerdings schien seine Entrüstung eher dem Kollegen zu gelten als dem Verdächtigen. Mit Bedacht schob er das Tonbandgerät zurecht und sagte mit einem voluminösen Bass: »Vorsichtig, bitte.« Dann lehnte er sich wieder zurück und begab sich erneut in seine Beobachterposition.
In deutlicher Erregung nahm Matthies wieder Platz. Sein Brustkorb hob und senkte sich stoßartig, und eine gewundene Ader, die an seiner linken Schläfe hervorgetreten war, zeigte seinen rasenden Puls an.
»Das hier ist kein Spiel. Eine junge Frau ist tot. Doch nicht nur das, sie wurde auch noch vergewaltigt. Sie hat schrecklich gelitten. Und jetzt ist sie tot. Aus ihren Zukunftsplänen wird nichts mehr. Ihre Mutter wird

sie nie wieder sehen. Nicht die Hochzeit ihrer Tochter, nicht ihre Enkelkinder erleben. Alles, was da hätte sein können, ist zerstört, weil diese junge Frau von einem Drecksschwein vergewaltigt und getötet worden ist. Und jetzt hast du die Nerven und meinst, nichts sagen zu müssen? Hierzu hast du nichts zu sagen?«

Ruckartig schob er Münchow die Aufnahmen von der Toten zu, bis sie ihn mit der Kante am aufgestützten Arm anstießen.

»Fühlst du nichts, wenn du so etwas siehst? Gar nichts? Hmm.« Verächtlich atmete er aus und legte eine lange Pause ein. Ganz langsam entfaltete sich ein undurchschaubares Lächeln in seinem Gesicht, das aussah, als machte sich eine Erkenntnis breit.

»Vielleicht hast du ja früher auch nichts gefühlt, wenn du andere Frauen betatscht hast. Weißt du, es macht mir auch keinen Spaß, mit einem Typen wie dir hier rumzusitzen. Wenn diese Sache hier vorbei ist, brauche ich erst einmal eine Dusche, um all den Mist abzuspülen.« Matthies machte ein angewidertes Gesicht. »Wir haben nur ein Problem: Diese Sache wird nicht vorbei sein, bis du anfängst zu reden. Mach dir keine Hoffnungen, dass ich bald fertig werde. Hörst du? Ich höre nicht auf, bis du endlich den Mund aufmachst.« Seine Augen verengten sich, als er fortfuhr: »Wir wissen, dass du bei den Toiletten warst, als das Opfer zuletzt gesehen wurde. Da verschwindet eine junge, attraktive Frau auf dem Weg zu einem Toilettenwagen genau zu der Zeit, in der ein mehrfach auffällig gewordener Lustmolch dort seine Schicht schiebt. Wie verlief denn deine Schicht bei den Toiletten?«

Mit verkniffenem Gesicht drehte sich Münchow zur Seite weg, um sich dem Anblick der Leiche auf dem Bild zu entziehen. Matthies sprang erneut auf und schob das Foto zurück in das Blickfeld des Verdächtigen.

»Guck gefälligst hin! Du hast ausgesagt, bei den Toiletten sei niemand gewesen. Keiner da, richtig? Was ist hiermit? Hast du das auch nicht gesehen? Los, sag schon!«

Er tippte nun laut mit dem Finger auf das Foto. Der angewiderte Ausdruck in Münchows Gesicht mischte sich mit augenscheinlicher Wut. Seine Nasenflügel blähten sich auf, während er sich schwer atmend auf die Unterlippe biss. Er rückte den Stuhl zurück und wandte den Kopf erneut vom Foto ab. Aber Matthies ergriff das Bild, lief schnell um den Tisch herum und hielt dem Verdächtigen die Aufnahme direkt vor die Augen.

»Schau hin! Dadurch, dass du weggucks, hilfst du dir nicht. Das ist die Aufnahme der Leiche einer Frau, die noch gelebt hat, als sie zu den Toiletten gelaufen ist, bei denen du gearbeitet hast. Ich wette, du siehst sie auf dem Bild hier nicht zum ersten Mal. Guck hin!«

Die Hände des Verdächtigen krallten sich an den Armlehnen seines Stuhls fest. Er fühlte sich offensichtlich in die Enge getrieben. Ganz gleich, wohin er den Kopf auch drehte: Das Gesicht der Toten folgte ihm unablässig. Und ganz gleich, wie sehr er sich auch bemühte, an etwas anderes zu denken: Dieses Bild drang bis in sein Innerstes ein. Es wühlte ihn auf, ekelte ihn an und entriss ihm schließlich die Kontrolle über sich selbst.

Ruckartig drehte er sich zu Matthies hinüber und schrie mit vor Wut und Angst zitternder Stimme: »Aufhören! Schluss! Ich will das nicht. Aufhören!«

Verzweifelt schlug er nach dem Foto, um es endlich nicht mehr ansehen zu müssen, war allerdings langsamer als der Vernehmer, der es reflexartig zurückzog. Münchow blieb nichts weiter übrig, als das Gesicht in den Händen zu vergraben. Er fühlte keinen Drang zu weinen. Er genoss ganz einfach die Erleichterung, sich endlich vom Anblick der Toten befreit zu haben.

Für einen kurzen Moment herrschte Ruhe im Vernehmungsraum. Dann hob die tiefe, satte Stimme des hünenhaften Mannes zum Sprechen an, der bisher so unbeteiligt zugesehen hatte. Träger war aufgestanden und füllte mit seiner Stimme den Raum: »Ich denke, das ist eine gute Gelegenheit für eine Raucherpause, Genosse. Ich mache hier weiter.«

Nachdem sich beide Vernehmer zugenickt hatten, legte Matthies das Foto wieder auf dem Tisch ab. »Ich bin gleich wieder da«, sagte er in scharfem Tonfall und verließ dann langsam den Raum. Den Sitzplatz gegenüber des Verdächtigen nahm nun sein Kollege Träger ein.

Münchow, der nicht so recht wusste, was ihn nun erwartete, hob mit zögerlicher Neugier den Kopf und hatte dadurch zum ersten Mal Gelegenheit, den zweiten Vernehmer richtig zu betrachten. Vor ihm saß ein Bär von einem Mann. In kariertem Oberhemd und mit kurz geschorenen Haaren hatte seine Erscheinung etwas Militärisches, fand er. In seinem Gesicht lag allerdings keine erkennbare Strenge. Träger machte eher einen gelassenen Eindruck auf ihn. Auch seine

Stimme empfand er im Vergleich zu Matthies' bohrender Artikulationsweise als beruhigend und sachlich.

Mit verständnisvoller Miene zog Träger das Beweisfoto zu sich heran und legte es in die Mappe zurück. Er seufzte, schlug eine neue Seite der Akte auf und brachte damit auch die anderen Bilder der Leiche zum Verschwinden.

»Hier geht es ganz schön zur Sache, Herr Münchow. Ich weiß, dass mein Kollege ordentlich rangeht. Sie müssen wissen, dass kein Polizist solche Gewaltverbrechen auf die leichte Schulter nimmt. Für Oberleutnant Matthies wird so etwas aber zu einer persönlichen Angelegenheit. Ich kann es ihm nicht verübeln, schließlich ist hier etwas unbeschreiblich Grausames geschehen. Wie ich an Ihrer Reaktion gesehen habe, lässt Sie das ja auch nicht kalt. Ich glaube nicht wie mein Kollege, dass Sie gar nichts fühlen. Gerade deshalb verstehe ich ja nicht, weshalb Sie sich das hier weiter antun. Mir scheint, Sie spekulieren auf ein Wunder.«

Träger schaute fragend zu dem Verdächtigen hinüber. Die eingetretene Unterbrechung seines Sprechflusses ließ den zuvor von seiner Stimme ausgefüllten Raum plötzlich bedrohlich leer wirken. Bis eben hatte Münchow die Worte des Vernehmers noch als Entlastung empfunden, nun fühlte er sich fast wieder von der Verantwortung erdrückt.

Ihm fiel geradezu ein Stein vom Herzen, als Träger weitersprach: »Nun, ich denke, wir sollten uns beeilen, die Fakten klarzustellen, bevor Oberleutnant Matthies zurückkommt und die Vernehmung wieder an sich reißt. Wir wissen, dass mehrfach Beschwerde gegen Sie eingelegt worden ist, weil Sie Frauen nachgestellt oder sie sogar angefasst haben. Wir wissen von Ihrem Betrieb, dass der Zeitraum Ihres Aufenthalts bei den Toiletten in der Dircksenstraße mit der Zeit übereinstimmt, zu welcher die Vermisste zuletzt auf dem Weg dorthin gesehen wurde. Ich nehme jetzt an, dass Sie hoffen, das wäre es schon gewesen, was wir an Konkretem haben. Es verhält sich aber in Wirklichkeit so, dass ich kurz vor unserem Verhör aus der Gerichtsmedizin eine entscheidende Information erhalten habe, die bei meinem Kollegen wahrscheinlich einschlagen würde wie eine Bombe.«

Träger faltete die Hände vor sich auf den Tisch und wartete. Münchow erschrak und vernahm weder in der Stimme noch im Gesicht des Vernehmers eine neue Regung. Träger schien weiterhin gelassen und verständnisvoll. Einige Sekunden des quälenden Schweigens verstrichen. Der Polizist hatte inzwischen fragend die Augenbrauen gehoben, was angesichts der Tatsache, dass er selbst aufgehört hatte weiterzusprechen, noch mehr Verwirrung in Münchow auslöste.

Dieser ertrug die Stille mit zuckenden Mundwinkeln noch einige Sekunden lang – dann brach es aus ihm heraus: »Na, was denn? Was hat die Gerichtsmedizin mit mir zu tun?«

Die Freude über das gebrochene Schweigen des Verdächtigen hielt Träger tief in sich verborgen. Mit unveränderte Ruhe antwortete er: »Sperma. Man hat Ihr Sperma an der Leiche des Opfers gefunden. Und es ist sicher, dass es Ihres ist. Hat man anhand Ihrer Gene festgestellt. Da brauchen Sie niemandem aufzutischen, dass so etwas aus Zufall geschieht. Ich schlage vor, wir bringen das hier zu einem ruhigen Ende, bevor Oberleutnant Matthies vom Rauchen zurückkommt. Viel Zeit ist ja nicht mehr. Ich will es ihm genauso ersparen, vor Wut einen Herzinfarkt zu bekommen, wie ich mir für uns beide hier wünsche, dass wir diese schreckliche Geschichte endlich abschließen. Lassen Sie das Weglaufen und Lügen, und schaffen Sie endlich Ruhe.«

Als wäre es der letzte Atemzug seines Lebens, seufzte Münchow auf und sackte in sich zusammen.

»Ich will rauchen«, brachte er mit gebrochener Stimme hervor. Träger nickte.

»Klar. Ich begleite Sie gleich selbst zum Rauchen, aber erst müssen wir die Sache hier zu Ende bringen. Hier drinnen wird nicht geraucht. Wenn Sie mir bitte die Details für das Protokoll schildern könnten, ist die Vernehmung schon bald vorbei. Glauben Sie mir, ich bin auch froh, dass wir uns hier nicht länger herumquälen müssen.«

»Ick will ooch nur, dass dit endlich vorbei is. Ick gestehe, wenn ick dadurch schneller aus diesem Zimmer rauskomme.«

Münchow hatte begonnen, resigniert den Kopf zu schütteln, doch sein Atem beruhigte sich nur langsam. All die aufgebaute Anspannung schien mit einem Mal von ihm abgefallen zu sein. Selbst das Zucken im Gesicht hatte merklich nachgelassen. Mit einem Griff holte der Vernehmer das Bild des Opfers wieder hervor und ließ Stefan Münchow sein Geständnis für das Tonband deutlich wiederholen. Es war zwar immer wieder nötig, dass Träger die Erzählungen durch gezielte Nachfragen präzisierte, aber am Ende entstand eine konsistente Darstellung des Tathergangs.

Gegen 21.30 Uhr hatte der Müllmann mit seinem Streuwagen bei den Toilettenwagen in der Dircksenstraße geparkt, um Papier nachzulegen und die Oberflächen abzuwischen. Die Toiletten befanden sich unter der S-Bahn-Unterführung seitlich der Straße. Da lediglich die Laternen in der Dircksenstraße Licht spendeten, war es im S-Bahn-Bogen ziemlich dunkel. So erkannte Münchow zunächst nur die Silhouette der Frau, die allein zu den Toiletten ging, während er Papier von der Pritsche seines Wagens holte. Er bemühte sich, in der Nähe des Toilettenhäuschens zu bleiben, bis sie wieder herauskam, um sich ein besseres Bild von der Fremden machen zu können.

Als sie die Tür öffnete und vor ihm stand, war Münchow sofort erregt. Sie war jung und gutaussehend, allerdings beachtete sie ihn gar nicht. Sie lief an ihm vorbei. Da sprach er sie an und lud sie auf ein Bier nach seiner Schicht ein. Aber sie wies ihn deutlich ab. Der verärgerte Stadtreiniger hielt sie daraufhin am Arm fest und zog sie zurück zu den Toilettenwagen. Als sie zu schreien begann, hielt er ihr sofort den Mund zu.

Münchow hatte nicht beabsichtigt, dass es so weit kam. Allerdings wusste er, dass ihm bereits zu diesem Zeitpunkt eine neue Beschwerde und diesmal vielleicht sogar eine Strafe bevorstand. Er wollte die junge Frau also auf keinen Fall einfach wieder laufenlassen. Hinzu kam, dass er ihren Körper an sich spürte, während er sie fortzog. Dass sie sich in seinen

Armen wand, um sich zu befreien, erregte ihn noch mehr. Er griff nach ihren Brüsten und versuchte, die Fremde auf den Mund zu küssen. Schon jetzt hatte er entschieden, dass er nicht aufhören würde. Er wollte alles von ihr, und das sofort.

Mit Gewalt zerrte er die junge Frau in einen der leicht nach innen gewölbten Bögen an der Seite des S-Bahn-Durchgangs. Er hoffte, dass sie dort gut verborgen wären und nicht entdeckt würden. Als sie jedoch in dem Versteck angekommen waren, stellte Münchow fest, dass sie sich nicht mehr rührte. Dieser Umstand erschreckte ihn jedoch nicht und ließ ihn auch nicht innehalten. Er bemühte sich lediglich noch mehr, schnell zur Sache zu kommen. Er zog der Bewusstlosen die Hose und Unterhose aus und begann, sich an ihr zu vergehen. Nachdem er fertig war, erschrak er vor den Konsequenzen seiner Tat. Erst als er aufgestanden war und die geschundene Frau mit etwas Abstand betrachtete, drang das Gewissen wieder zu ihm durch. Seine Gier hatte es zuvor vollkommen aus den Gedanken verdrängt.

Münchow begann, sich vor seiner Tat zu ekeln, während er sich die Hose hochzog. Nachdem er seine Befriedigung erreicht hatte, schien ihm das alles sinnlos, dumm und widerlich.

Als er in aufkeimender Angst über eine Möglichkeit nachdachte, heil aus dieser Situation herauszukommen, begann sich sein Opfer zu regen. Allem Anschein nach war die Frau wohl nur ohnmächtig geworden, weil er ihr zu kräftig die Hand auf Nase und Mund gehalten hatte. Hastig stürzte sich Münchow wieder auf sie und drückte ihr mit beiden Händen die

Kehle zu. Er wandte dabei den Kopf zur Seite, um ihr nicht in die Augen sehen zu müssen, während sie sich quälte. Der kräftige Mann drückte so fest zu, wie er nur konnte, und wartete, bis die letzten Zuckungen ihres Körpers erloschen. Er vergewisserte sich mit einem kurzen Blick auf ihr erstarrtes Gesicht, dass sie tot war, und schleifte sie dann zu seinem Wagen. Dort angekommen, wuchtete er sie auf die Ladepritsche für den Streusand und bedeckte die Leiche mit hastig zerlegten Kartons, in denen sich zuvor das Toilettenpapier befunden hatte. Er lief um den Wagen herum, um sicherzustellen, dass sie richtig abgedeckt war und kein Körperteil unter den Kartons hervorlugte. Er hielt ein paar Minuten inne, um nachzudenken.

Münchow wurde klar, dass er die Tat nicht mehr würde rückgängig machen können. Nun galt es also nur noch, so gut es eben ging die Spuren des Verbrechens zu verwischen. Der kurze Anflug von Reue war fast zur Gänze verdrängt, um der Rationalität Platz zu machen, die er nun zur Verschleierung seiner Tat benötigte. Der Müllmann war sich sicher, nicht gesehen worden zu sein, und beschloss daher, dass zunächst keine akute Gefahr bestand. Er wollte seine Schicht beenden, um im Betrieb kein unnötiges Aufsehen zu erregen. So kümmerte er sich vorerst um die Weihnachtsmarkttoiletten. Dabei überlegte er, die Leiche in der Spree zu entsorgen. Ihm wurde aber schnell klar, dass der fest zugefrorene Fluss diese Möglichkeit verwehrte.

Mit der Leiche auf dem Wagen fuhr Münchow noch den Rest der Strecke, den er mit Streugut zu versorgen hatte. Zum Ende seiner Schicht machte er sich auf zur Mühlendammbrücke. Als Stadtreiniger wusste er genau, dass sich an der Ecke hinter der Brücke der Parkplatz befand, auf den der gesamte Schnee der Protokollstrecke geschoben wurde. Seine vorherigen Überlegungen, die Leiche im Fluss zu versenken, hatten ihn auf die Idee gebracht, genau diesen Plan in ein paar Wochen durch seine Kollegen verwirklichen zu lassen. In den letzten Jahren war der aufgehäufte Schnee immer regelmäßig zur Seite in die Spree geschoben worden. Auf dieses Prozedere setzte er jetzt seine Hoffnungen.

Es war mitten in der Nacht, als Münchow auf dem Parkplatz ankam. Dementsprechend war er allein und ungestört, als er die Leiche auf den Schneeberg hievte. Mit der Schaufel schippte er noch eine ganze Weile lang eine größere Menge Schnee auf den toten Frauenkörper, bis dieser vollends verschwunden war. Nach getaner Arbeit wischte er sich die Stirn und atmete durch. Von nun an konnte er nur noch hoffen.

Aufgewühlt machte er sich auf den Weg zu seinem Betrieb. In den nächsten Tagen schaute Münchow nach den Schichten immer wieder auf dem Parkplatz vorbei, um zu überprüfen, ob sich an dem Schneeberg etwas verändert hatte. Bei dem anhaltenden Schneefall nahm der Hügel jedoch eher an Höhe zu, anstatt sich zu verformen oder gar zusammenzufallen. Die Eisdecke auf der Spree wurde immer dicker; seine anfängliche Hoffnung, dass die Strömung Leiche und Gräueltat davonschwämmen könnte, zerschlug sich. In Münchow keimte die Überzeugung auf, dass es nur noch eine Frage der Zeit sein würde, bis man die Leiche fand. Außerdem plagte ihn das Unrechtsbewusstsein. Er konnte den Gedanken an die ungeheuerliche Grausamkeit seines eigenen Handelns nicht verdrängen. Innerlich verabschiedete er sich immer weiter von der Möglichkeit, sein Leben weiterzuführen, als wäre nichts geschehen.

Die Angst, entdeckt zu werden, wuchs zusehends, so dass Münchow bald nicht mehr richtig schlafen konnte. Als er schließlich auch noch zu einer Erstvernehmung in die Polizeiwache geladen wurde, geriet er in Verzweiflung. Zwar schien die Polizei nichts Handfestes gegen ihn in petto zu haben, so dass er durch Leugnen oder Schweigen einer Verhaftung entgehen konnte, doch konnte er sich darauf nicht verlassen, dass das so bleiben würde.

Unter dem Druck einer wachsenden Verfolgungsangst beantragte der Müllmann die Versetzung in einen anderen Bezirk. Die Vorstellung, dem eisigen Grab seines Opfers nicht so nahe zu sein, verschaffte ihm aber nur kurz eine geringe Entlastung. Auch in Thüringen reduzierte sich sein Leben zunehmend auf einen quälend gedehnten Zustand des Wartens auf seine Verhaftung. Als man ihn endlich zur erneuten Vernehmung nach Berlin holte, war Münchow zwar nicht bereit, einfach aufzugeben und zu gestehen, aber dennoch sehr erleichtert, dass das hohle Warten damit ein Ende fand.

In der Polizeidirektion in Mitte sorgte sein Geständnis für eine ähnliche Art der Erleichterung. Man gratulierte Träger und Matthies zum Erfolg ihres Rollenspiels während der Vernehmung. Gerade Matthies war anzumerken gewesen, dass ihn seine Rolle belastete.

Er musste in Vernehmungen oft den bösen Polizisten geben, um Träger den Weg zu ebnen. Das tat er auch mit Überzeugung, solange er sich davon versprach, einen Fall zu lösen. Übertreibungen verdeutlichten den Kern der Sache, sagte er immer. Nichtsdestotrotz war er natürlich nicht gerne grausam und brauchte eine Zeit, um solche Vernehmungsgespräche zu verdauen.

Als die Nachricht von der Überführung des Täters bei Hauptmann Gerhardt eintraf, klopfte der mit einem Lächeln dreimal auf seinen Schreibtisch. Dass dieser sonderbare Mordfall trotz all der Sackgassen endlich abgeschlossen werden konnte, war ihm eine große Befriedigung. Zu wissen, dass man in Berlin in seinem Bezirk nicht einfach eine Leiche verschwinden lassen konnte, ohne zur Verantwortung gezogen zu werden, war ihm viel wert.

Der Täter sollte später vom Gericht wegen Mordes aus niederen Beweggründen zu fünfzehn Jahren Freiheitsstrafe verurteilt werden. Für Gerhardt war diese Zahl aber nicht vordergründig wichtig. Das Bild der jungen Frau, ihr gefrorenes Gesicht und ihre starren Augen, blieb ihm noch lange im Gedächtnis. Nur langsam klang es ab. Die Todesumstände von Katja Lehmann jedoch waren geklärt, der Täter gefasst, und auf Gerhardts Schreibtisch sammelten sich neue Fälle, die seine Aufmerksamkeit erforderten.

Der Tigerbiss auf dem Weihnachtsmarkt

Unterwachtmeister Kraetke schob die Schirmmütze ein Stück nach hinten. Auch wenn er eigentlich keine echte Hoffnung hegte, dadurch wirklich einen besseren Überblick zu erhalten, hatte er so doch wenigstens das Gefühl, nicht mehr ganz so planlos zu sein. Auf einem schmalen Pfad aus Kieseln und Lehm saß er auf seinem Motorrad und brauchte eine neue Idee. Als er aus der Dienststelle in Pankow losgefahren war, um den Leiter der Untersuchung der K von Berlin-Mitte ausfindig zu machen, war er sich noch nicht darüber im Klaren, dass ein Offizier der Volkspolizei, der sich an einem Sonntag im Sommer 1986 in einer Parzellensiedlung am Stadtrand aufhielt, zur Nadel im Heuhaufen werden konnte. Kraetke selbst hatte nicht mal einen Balkon, wusste aber, dass die Berliner mit Garten die Sommerwochenenden nutzten, um sich entweder an den Grill zu stellen oder unter den strengen Augen der Nachbarn dem wuchernden Rasen und den grenzüberschreitenden Hecken zu widmen.

Er hatte sich also darauf eingestellt, mehr als genug Leute zu finden, die ihm den Weg zur Parzelle von Hauptmann Gerhardt würden weisen können. Er kannte den Mann nicht persönlich, da er noch nicht lange bei der Volkspolizei am Rande Berlins beschäftigt war. Ihm blieb also ohnehin nichts anderes übrig, als nachzufragen. Praktischerweise wurde ihm die Aufmerksamkeit der Kleingärtner schon zuteil, bevor er überhaupt eine Frage ausgesprochen hatte. Das rhythmische Knattern seines Dienstmotorrads hatte den Leuten zumindest interessierte Blicke abringen können.

»Entschuldigen Sie die Störung«, sprach Kraetke einen Kleingärtner an, »können Sie mir vielleicht sagen, wo ich das Pachtgrundstück von Polizeihauptmann Gerhardt finde?«

»Gerhardt? Nee, kenn ich nicht. Wusste gar nicht, dass hier auch jemand von der Polizei seinen Garten hat. Vielleicht weiter den Weg runter, bei der neuen Anlage.«

Kraetke bedankte sich und fuhr weiter.

Die Eingänge zu den Parzellen unterschieden sich äußerlich nicht stark voneinander, und kaum jemand legte Wert darauf, ein großes Namensschild an seine Eingangspforte zu nageln. Zu allem Überfluss standen die Hecken schon in saftigem Grün und versperrten Kraetke die Sicht. Ganz gleich, wie weit er die Mütze aus dem Gesicht schob – mit den Augen konnte er sein Ziel nicht ausfindig machen. Aber der Befehl kam von weit oben, das hatte ihm sein Vorgesetzter nachdrücklich mit auf den Weg gegeben, bevor der junge Kollege aus der Dienststelle losgefahren war.

Entschlossen atmete der Unterwachtmeister aus und warf das Motorrad wieder an. So unangenehm es ihm auch war, er musste sich in seiner Position als

Vertreter der Staatsmacht in eher unangemessener Weise zum Störer des sonntäglichen Gartenfriedens machen. So langsam wie möglich fuhr er den Weg weiter in die Anlage hinein und rief regelmäßig laut zu den Seiten nach dem Untersuchungsleiter:

»Genosse Gerhardt! Genosse Gerhardt!«

Dabei musste er Acht geben, nicht in eins der im Frühjahr ausgespülten Schlaglöcher zu fahren. Zum Jahresbeginn war es zeitweise bitterkalt gewesen. Wasseruhren waren zugefroren, Leitungsschäden sorgten für vermehrten Baubetrieb auf den Straßen, und die unbefestigten Wege waren stärker aufgerissen als nach den vorhergehenden Wintern. Wenn die MZ ETZ 250 auch eigentlich ein recht sportliches Motorrad war, war sie ihm doch aufgrund der Frontblende und der Kastenaufbauten hinter dem Sitz und an den Seiten zu breit und zu klobig für diese Holpertour. Kraetke selbst war Mitte dreißig, aber trotzdem schon ordentlich in die Breite gegangen, so dass ihm die wacklige Fahrt besonders unangenehm war.

Abgesehen von den teils erbosten, teils verständnislosen Blicken, die ihm über die niedrigeren Hecken hinweg zugeworfen wurden und die nicht zu bemerken er sehr bemüht war, fand er aber zunächst nichts außer einer breiteren Querstraße. Hier parkten an den Seiten auch einige Trabbis und Mopeds. Offensichtlich hatte er anfangs nicht den Haupteingang genutzt, sondern war in einen Nebenweg gefahren. Zu seiner Rechten sah er jetzt den breiten Torbogen mit dem Namensschild der Siedlung: »Erholung«. Er fuhr also links weiter und rief etwas lauter, um die neue Breite des Weges zu kompensieren.

Kurz darauf gelangte er zu neuen Parzellen, die durch eine Erweiterung der Anlage mehr Berlinern die Freuden des Wochenendurlaubs im Grünen ermöglichen sollten. Hier standen nur vereinzelt Bungalows, und die Obstbäume waren gerade erst gepflanzt worden. Ganz entgegen seiner Erwartung reagierten gleich zwei junge Männer auf seine Rufe und wiesen ihm die Richtung zu einem grünen Trabant vor einer Parzelle. Kraetke nickte ihnen dankbar und erleichtert zu. Er brachte sein Motorrad hinter dem Auto zum Stehen und stieg ab.

Am Gartentor begrüßte ihn ein drahtiger Mann in Unterhemd und Blaumann, der ihm jünger als er selbst und definitiv zu jung schien, um stellvertretender Leiter der K von Mitte zu sein. Kraetkes Gegenüber hielt in der einen Hand eine alte Sense, die wohl soeben noch in Gebrauch gewesen war, und wischte sich mit der anderen Hand den Schweiß von der Stirn. Auf dem Grundstück stand gerade mal eine Werkzeughütte. Ansonsten gab es nur zur Hälfte gemähten Rasen, auf dem Frau und Tochter spielten.

»Genosse Gerhardt?«, fragte Kraetke in verunsichertem Ton über die Pforte hinweg.

»Der bin ich.«

Gerhardt reichte ihm freundlich, aber mit fragendem Blick die Hand und trat hinaus auf den Weg.

»Unterwachtmeister Kraetke. Ich soll sie benachrichtigen. Man braucht schnellstmöglich einen Vorgang aus dem letzten Jahr. Sie sollen sich bitte bei der Dienststelle in Mitte melden.«

»Wie? Es ist Sonntag. Wer ist denn ›man‹ und will einen Vorgang? Was ist denn so wichtig?«

Hauptmann Gerhardt geriet in Aufregung. Nicht dass er den Sonntag aus religiösen Gründen von jeder Arbeit frei halten wollte. Schließlich hatte er auch heute mehr als genug zu tun, damit der Garten, den er auf Wunsch seiner Familie erst vor acht Wochen angeschafft hatte, in naher Zukunft überhaupt einmal zur Erholung taugte. Aber ob mit Gartenarbeit oder ohne – dass er überhaupt mal einen Tag mit der Familie verbringen konnte, war wertvoll genug. In der Kleingartenanlage kannte er bisher auch kaum Leute, so selten hatte er es bisher hierher geschafft. Seit er im letzten Jahr stellvertretender Leiter der K und Leiter der Untersuchung in Berlin-Mitte geworden war, kam ihm ständig etwas dazwischen. Dieser Bezirk quoll beinahe über vor Ämtern, Kaufhäusern, Kirchen, Grenzübergängen und Gästen aus dem Ausland und damit auch vor kurzfristigen Aufgaben. Wer hier Verantwortung trug, hatte an allen Ecken und Enden alle Hände voll zu tun.

»Worum es genau geht, kann ich leider auch nicht sagen. Tut mir ja auch leid, Sie stören zu müssen.«

Nach der peinlichen Suche war Kraetke nun auch das Gespräch unangenehm. Er wünschte sich schnellstens in die Dienststelle an seinen Schreibtisch zurück.

»Ja, gut. Danke, Genosse. Ich rufe an.«

Gerhardt lächelte versöhnlich. Er hatte tatsächlich nicht die Absicht gehabt, den Unterwachtmeister anzuschnauzen. Den Ärger hob er sich für den Moment auf, in dem er erfahren würde, worum es eigentlich ging und wer sich das alles hatte einfallen lassen.

Gerhardt reichte dem Kollegen zum Abschied die Hand. Dann ging er zurück auf das Grundstück, brachte die Sense weg und verabschiedete sich von Frau und Tochter. Er versprach, sich zu beeilen. Nachdem er sich eine Jacke übergeworfen hatte, setzte sich der Hauptmann in seinen grünen Trabbi und machte sich zur etwa fünf Minuten entfernt liegenden nächsten Telefonzelle auf. Der beleibte Unterwachtmeister hatte die Gelegenheit, weiteren Peinlichkeiten zu entfliehen, bereits genutzt und war abgefahren.

»Wir sollen sofort alle Unterlagen zu dem Vorkommnis auf dem Weihnachtsmarkt letztes Jahr raussuchen und dafür alle Kollegen in Bereitschaft alarmieren«, teilte der operative Diensthabende der Dienststelle in Mitte Hauptmann Gerhardt am Telefon mit. »Weißt du, welchen Fall ich meine?«, fragte ODH Baumann

»Klar, ich erinnere mich.«

»Gut. Das hätte oberste Priorität, wurde mir gesagt. Und du sollst dich auch in der Dienststelle bereithalten. Da könnten noch weitere Fragen kommen«, erklärte Baumann.

»Wer, bitte, hat das heute in Auftrag gegeben?«, fragte Gerhardt konsterniert.

»Die Bezirksverwaltung des Ministeriums für Staatssicherheit.«

Das MfS also. Daher die Eile. Obwohl sich der ODH bezüglich des Falles nicht gerade präzise ausgedrückt hatte, wusste Gerhardt sofort, um welchen Vorfall es ging. Beide arbeiteten in Mitte schon länger zusammen und verstanden sich gut. So gut, dass sie, wie es schien, manchmal auch zwischen den Zeilen des anderen lesen konnten. Außerdem machte sich das offene Verhältnis, um das sich Gerhardt auf der

Dienststelle besonders bemühte, damit er als junger Dachs auf seinem Posten den Kollegen mehr in die Augen sehen als auf die Füße treten konnte, jetzt bezahlt. Er war ganz einfach geradeheraus.

»Mensch Armin, es ist Sonntag. Ich klingele doch jetzt nicht die ganzen Kollegen an ihrem freien Tag raus für einen Vorgang, den ich ordentlich abgeschlossen habe. Da sind die Sofortmeldungen damals an alle Stellen rausgegangen. Die Leute von der Registratur haben doch keine Bereitschaft, wie soll ich denn die überhaupt erreichen?«

»Na, du hast Nerven«, wunderte sich Baumann.

»Wieso? Ich bin morgen wie immer pünktlich halb sieben in meinem Büro, da übergebe ich den Genossen gerne den Vorgang – wie es sich gehört. Ansonsten sollen sie doch einfach in die Sofortmeldung von damals schauen. Ich habe meine Meldepflichten alle vorschriftsmäßig erfüllt. Da ist alles ordentlich gelaufen.«

Der ODH schwieg eine Weile, nahm aber schließlich die endgültige Antwort hin und kündigte an, sie in angemessenem Tonfall ans MfS weiterzugeben. Die Kreisdienststelle des Ministeriums hatte sich zwar an ihn gewandt, aber er selbst besaß keinerlei Befugnis, den Vorgang aus der Registratur zu holen. Nur der Leiter der Untersuchung hätte das am Sonntag tun können, und wenn sich das MfS mit dessen begründetem Nein abfände – sei es drum, dachte Baumann. Beide verabschiedeten sich noch mit ein paar Floskeln, um das Gespräch nicht in bitterem Ernst ausgehen zu lassen. Schließlich bestand zwischen ihnen in der Frage eigentlich gar kein Konflikt.

Gerhardt atmete tief durch. Wäre er sich nicht so sicher gewesen, bei dem Fall besonders sorgsam vorgegangen zu sein, hätte er sich vielleicht nicht so aufgeblasen. Er wollte auch wirklich nicht die Kollegen am Sonntag einspannen, nur weil er kein Rückgrat zeigen konnte. Er setzte sich wieder ins Auto und war zufrieden mit seiner Entscheidung. Wie die Genossen vom MfS morgen reagieren würden, blieb vorerst offen. Viel mehr aber interessierte ihn jetzt, was es wohl mit der Sache auf dem Weihnachtsmarkt auf sich haben könnte. So lange lag die Geschichte noch nicht zurück, und wenn er auch schon Verrückteres erlebt hatte, konnte er sich doch an den ungewöhnlichen Fall aus dem letzten November erinnern.

Eigentlich stand der Weihnachtsmarkt in Ostberlin unter den besten Vorzeichen: Die Stimmung in der Stadt war insgesamt gut. Die Sozialpolitik des Landes trug Früchte. In der Vorweihnachtszeit war der Alexanderplatz gut von Leuten besucht, die im benachbarten Centrum Warenhaus ihre Weihnachtseinkäufe erledigten. Kaum noch stand man im Geschäft nur vor Beratungsmustern, die zwar in Summe das Potenzial der Konsumgüterproduktion der DDR verkörperten, aber nicht verkauft wurden. Die Berliner hatten öfter Gelegenheit, sich etwas zu leisten. Auch gab es in Mitte keine besonderen Anzeichen für einen unruhigen Winter. Der Schnee fiel genau so, wie man es sich für die kommende Weihnachtszeit allgemein wünschte: sichtbar, ausreichend, aber ohne Verkehrsprobleme zu verursachen.

Schon seit ein paar Monaten hatte sich angekündigt, dass der alljährlich zwischen Alexanderplatz und Jannowitzbrücke stattfindende Berliner Weihnachtsmarkt in diesem Jahr weitaus aufwändiger gestaltet werden sollte. Landläufig kursierte die Überzeugung, der Dresdner Weihnachtsmarkt sei der beste der Republik. Obwohl er kleiner war als der Rummel in der Hauptstadt, stand die Überlegenheit des Dresdner Striezelmarktes für viele so fest, als handle es sich um eine Naturkonstante.

Nichtsdestotrotz ließ man es sich in Berlin nicht nehmen, in dieser Frage mit den Sachsen zu konkurrieren. Es handelte sich um ein Prestigeprojekt. Denn auch ohne neue Attraktionen konnte man sich in den Vorjahren an den Wochenenden über Besuchermangel nicht beschweren. Trotzdem bereitete die Stadt für das Jahr 1985 etwas Besonderes vor. Alle Regionen der DDR sollten auf dem Weihnachtsmarkt der Hauptstadt vertreten sein und sich durch traditionelles Handwerk und kulinarische Spezialitäten von ihrer besten Seite zeigen. Die ganze Republik zu repräsentieren, war ein Trumpf im Ärmel Berlins, den Dresden nicht so leicht stechen konnte.

Die vorangegangenen Weihnachtsmärkte waren die übliche Mischung aus kleinen Verkaufsständen, Fahrgeschäften und Imbissbuden gewesen, die einen besonders eigenwilligen Mix aus weltlicher Unterhaltung, Verköstigung und pappigen Lebkuchendekorationen bildeten. Das alles war ständig von lauter Weihnachtsmusik begleitet. Die Besucher störten sich aber nicht weiter daran. Schließlich soll ein Weihnachtsmarkt ja weder ein Kirchenfest noch ein bloßer Rummel sein.

»Eigentlich hat es in den letzten Jahren nur kleinere Delikte gegeben«, erklärte ein Polizist der organisatorischen Leitungsriege. »Manchmal hat ein Besucher über die Stränge geschlagen. Nach drei, vier Glühwein hat sich nicht jeder mehr unter Kontrolle. Das ist dann nicht selten in wilde Beschimpfungen und Streit ausgeartet. Wir sind dazwischen gegangen und haben versucht, die Streithähne auseinanderzubringen.«

»Dann und wann hat jemand etwas aus den Auslagen der Verkaufsstände mitgehen lassen«, ergänzte seine Kollegin. »Auch da konnten wir einige Täter dingfest machen. Eigentlich waren wir am ehesten mit Taschendiebstählen und vermissten Kindern beschäftigt.«

Der Marktleiter nickte. »Wie wollen Sie also in diesem Jahr verfahren?«

»Im Großen und Ganzen wollen wir dasselbe Sicherheitskonzept verfolgen wie zuvor: In großzügigen Abständen werden wir eine Streife über den Weihnachtsmarkt schicken und ein paar Genossen werden in Zivil unterwegs sein – schließlich wollen wir die Ausgelassenheit an diesem Ort nicht durch den Anblick zu vieler Uniformen beeinträchtigen. Das wird völlig ausreichen.«

»Und die Kindersammelstelle?«

»Die betreuen wir ebenfalls, wie gehabt. Außerdem benötigen wir ein Büro für die Dienst habenden Polizisten im Gebäude der Weihnachtsmarktleitung.«

Der Leiter sicherte die Bereitstellung zu. Auch Hauptmann Gerhardt hatte zu dem Sicherheitskonzept keinerlei Bedenken.

In anderen Bereichen sollte sich allerdings schon einiges ändern. Um den Präsentationen der Traditionen der verschiedenen Bezirke in diesem Jahr auch gerecht zu werden, wurde der Weihnachtsmarkt mit einem besonderen historischen Flair konzipiert. Die Fassaden und Giebel der Buden wurden reich geschmückt. Frisches Kieferngrün füllte die Lücken zwischen den Ständen, um die Umzäunung, Kabel und Türen zu versteckenden. Der Alltag sollte draußen bleiben. Verzierte Holzhütten boten den verschiedenen Schaustellern und Imbissen Raum. Dazu brachten Lichterketten und farbige Glaskugeln bei der Eröffnung den ganzen Markt zum Strahlen wie nie zuvor. Neben den Grillständen brodelten große Kessel mit Eintöpfen, die ihren Duft mit dem von gebrannten Mandeln und offenen Weihnachtsbäckereien vermischten. Daneben gab es Fischbrötchen aus Rostock, Schnitzereien und Schwibbögen aus dem Erzgebirge, Stollen und Spielzeug aus Thüringen und Glasbläserarbeiten aus der Lausitz. Manche Handwerker ließen sich beim Arbeiten über die Schulter schauen. Die Bezirke grüßten Berlin und die Berliner kamen zahlreich. Nicht nur für Familien mit Kindern lohnte sich ein Besuch. Die Preise für Bratwurst und Eintopf waren so niedrig, dass man den Gang mitten hinein in den Weihnachtstrubel auch für einen bloßen Imbiss wagte.

Dass sich der Platz zwischen Alexander- und Dircksenstraße so gut füllte, lag aber nicht nur am Publikum aus der ganzen DDR. Auch in Westberlin wussten viele die Gelegenheit zu günstigem Essen und Einkäufen zu schätzen. Den Zwangsumtausch beim

Betreten des Ostteils über 25 Mark konnte man so gut wieder reinbekommen. War man allerdings mit der ganzen Familie unterwegs, potenzierte sich die Umtauschsumme und gab eine ganze Menge her. Umso mehr hieß es dann, das Angebot des Weihnachtsmarkts rundherum auszukosten.

Für Rainer Kampe war der Ostberlinbesuch an diesem Samstag nicht so kompliziert. Er hatte sich nie eine Familie angeschafft, machte lieber sein eigenes Ding. Es war Samstag, und er war frei von Verpflichtungen, also stand einem Weihnachtsmarktbesuch am frühen Nachmittag nichts entgegen. Kampe hatte eigentlich keine Lust, extra über die Grenze zu gehen, aber der Westberliner Weihnachtsmarkt unter dem Funkturm war ihm einfach zu öde. Der war ja vielleicht für Kinderchen und Leute interessant, die eine Krippe kaufen wollen, für ihn aber war da zu wenig los.

Also entschloss sich Kampe, rüber in den Osten zu fahren und ganz einfach zu schauen, was da abging. Da er im Wedding wohnte, war der Weg bis zum Alex auch nicht besonders weit. Hier war er groß geworden, hatte sich während seiner einundvierzig Lebensjahre richtig verwurzelt. Er kannte jede Ecke und hatte ab und an Bekanntschaften, die seine Sehnsucht nach einer einzigen Frau fürs ganze Leben nicht überhand nehmen ließen. Ihm blieb die Junggesellenfreiheit, zu tun und zu lassen, was er allein für richtig hielt. Ein Ausflug war für ihn auch immer mit der vagen Hoffnung verknüpft, es könne sich eine kurze Affäre daraus ergeben. Nicht dass er es immer darauf angelegt hätte, aber die Möglichkeit, es könne doch passieren, gab manchem Abend ganz einfach eine besondere Würze.

Für diesen Tag hatte Kampe keine genauen Vorstellungen. Aber der Gedanke daran, mal eine »Mieze aus der Zone« kennenzulernen, kam ihm durchaus in den Sinn. Immer wieder ging ihm durch den Kopf, dass er doch eigentlich gar kein schlechter Fang sei. Die Arbeit im Straßenbau hatte ihn nicht aus der Form gehen lassen, und außerdem gefiel vielen Frauen seine vorwitzige, fordernde Art. Wenn er etwas wirklich wollte, ließ er auch so schnell nicht locker. Sonst kriegt man ja nie, was man will, sagte er sich. Mit dieser Hartnäckigkeit hatte er vom Chef sogar schon einmal einen Vorschuss bekommen, weil er lange genug auf ihn eingeredet hatte. Das hätte ihm von den Kollegen kaum einer geglaubt, er hängte es natürlich auch nicht an die große Glocke.

Den Vorschuss investierte er in die guten Beziehungen zu den Kneipenwirten bei ihm in der Gegend, die ihn lange genug kannten, um ihn auch öfter mal anschreiben zu lassen. Dieses Vertrauen hatte er allerdings zeitweise etwas überstrapaziert. So musste er einiges daran setzen, um es wiederherzustellen, damit er zur Feierabendunterhaltung nicht erst den Weg in einen anderen Bezirk auf sich nehmen musste. Da ließ er lieber beim Chef anschreiben als bei den Kneipern, die ihm deutlich sympathischer waren.

Auf die Leute hinterm Tresen konnte er sich verlassen. Die machten keine Anstalten, ihm den Rücken zuzuwenden, solange er seinen Deckel zahlen konnte. Seine Rechthaberei hatte sich schon vor Jahren entwickelt und war besonders ausgeprägt, wenn er getrunken hatte. Früher oder später verloren alle Gäste die Lust, mit ihm zu reden. Nicht selten hatte ihm jemand gleich mit der Faust das Maul stopfen wollen. Aber Kampe wusste sich schon zu wehren. Problematischer war, dass er wirkliche Freunde verlor. Die Trinkbekanntschaften, die ihm blieben, hatten noch weniger Geduld mit ihm. Zeitweise fühlte er sich einsam und starrte für die ersten Biere in der Kneipe nur in sein Glas. Er brauchte zunehmend einen Schluck mehr, um sich zu trauen, ein Gespräch mit einem Fremden zu beginnen. Wollte er nicht nur schweigen oder riskieren, sich mit dem Wirt anzulegen, musste er aber auf die Leute zugehen. Hatte er sich erst einmal dazu durchgerungen, begann irgendwann doch die gleiche, vom Suff aufgeheizte Routine. Aus einer unbedeutenden Uneinigkeit wurde ein Streit, und aus dem potenziellen neuen Kumpel wurde einer mehr, der ihn mied.

Vielleicht floh Kampe vor der zunehmenden Isolation in seinem Viertel, als er entschied, mal in Ostberlin etwas zu erleben. Im Fernsehen sah es immer so aus, als würde im Osten hinter jedem Baum eine weiße Maus sitzen, aber wenn er mal drüben gewesen war, hatte er weder finanziell noch anderweitig Stress.

Da Kampe rechtzeitig losgefahren war, hatte er für den ganzen Samstag mehr als genug Zeit. Am Alexanderplatz angekommen, ging er ohne Eile ins Centrum Warenhaus. Er schaute sich in Ruhe um und inspizierte die Waren. Zwar war es angenehm, nicht ständig wie in Westberlin von Werbeschildern erschlagen zu werden, die mit schreienden Farben und blinkend daherkamen, doch reizte ihn nichts, was er sah. Außerdem hatte er keine Lust, sich mit einer Einkaufstüte zu belasten – schließlich wollte er ja auf den Weihnachtsmarkt.

Nach einer gemächlich verlaufenden Viertelstunde im warmen Kaufhaus hatte er schon geschwollene Hände und vor allem eine trockene Kehle. Als er nach draußen auf den Alexanderplatz trat, verschaffte ihm die Winterkälte fürs Erste etwas Linderung. Schon seit ein paar Tagen fiel leichter Schnee, der auf dem menschenvollen Platz kaum liegenblieb. Obwohl die Geschäftigkeit eines Berufstages fehlte, blieb kaum ein Fleck ohne matschige Fußspuren. Kampe lief, den anderen Fußgängern mal nach rechts, mal nach links ausweichend, am Brunnen der Völkerfreundschaft vorbei über den Platz in Richtung Grunerstraße, hinter der sich der Weihnachtsmarkt befand.

Schon über die Straße hinweg konnte er ein Riesenrad erkennen, das so riesig nicht war, und hörte deutlich die Weihnachtsmusik. Links neben dem Eingang drehte sich eine mehrere Meter hohe geschmückte Holzpyramide, die den kleinen, mit der Hitze von Kerzen betriebenen Modellen für den heimischen Wohnzimmertisch nachempfunden war. Beim Anblick des Eingangs, der als gewaltiger doppelter Torbogen gestaltet war, machte er zunächst große Augen. Jedoch weniger wegen des großen Portals, sondern eher wegen der Masse von Menschen, die sich auf der einen Seite dicht an dicht in den Eingang zwängten und auf der anderen Seite weniger angestrengt wieder ausgespien wurden. Kleine Kinder in dicken Anoraks zogen an der Hand ihrer Eltern und hielten in der anderen die Reste klebriger Zuckerwatte. Andere stopften noch den letzten Bissen von der Bratwurst in den Mund. Es sah ganz so aus, als könnte man es sich hier durchaus eine ganze Weile lang gut gehen lassen.

Er stellte sich in die Schlange vorm Eingangstor. Während des Wartens betrachtete er das Tor genauer: Der obere Teil war mit großen Schneekristallen bemalt. Es war ziemlich hoch. So stießen sich weder die Kinder auf den Schultern ihrer Väter den Kopf noch waren – stand man erst einmal im Eingangsbereich – die hohen Neubauten auf der anderen Straßenseite zu sehen, deren Anblick die Weihnachtsstimmung hätte trüben können. Gut gemacht, befand Kampe, während er endlich auf den Weihnachtsmarkt trat. Das schlimmste Gedränge löste sich glücklicherweise nach der ersten Biegung ein wenig auf, so dass er sich so gut es ging einen Überblick verschaffen konnte.

Wo er zuerst hin wollte, war eigentlich klar: Zu seiner Freude befand sich der nächste Glühweinstand auch schon wenige Meter entfernt. Die dampfende Tasse in der Hand, stellte er sich an einen Stehtisch und war vorerst zufrieden. Jetzt begann der Samstag erst richtig. Während er darauf wartete, dass der Glühwein etwas abkühlte, ließ er das Treiben um sich herum auf sich wirken. Eigentlich ist es doch komisch, dass bei dem Stimmenwirrwarr hier auf dem Platz die Weihnachtsmusik überhaupt noch bei irgendwem ankommt, dachte er sich. Der erste Schluck lief ihm heiß die Magenwände hinunter. Das wärmte erst einmal gut, machte ihm aber auch bewusst, dass er ganz schön Hunger hatte. Auf leeren Magen den ganzen Tag weiterzubechern, war vielleicht keine gute

Idee. Er begann einen Rundgang über den Markt und suchte etwas zu essen.

Schnell stellte sich für ihn heraus, dass es gar nicht so einfach war, die Angebotsschilder der Stände im Vorbeigehen aus dem Gedränge heraus zu erkennen. Die Buden waren ja wirklich hübsch gemacht, aber die Schilder waren Kampe einfach zu klein. Es half nichts, er musste sich näher heranarbeiten. Am ersten Stand gab es Thüringer Bratwürste und Bouletten. Zwar günstig, aber eine Bratwurst konnte er überall essen, dachte er sich. Der gute Ruf der Thüringer Wurstwaren, der die anderen Besucher in die Schlange gelockt hatte, war nicht zu ihm durchgedrungen. Mit verzogener Miene lief er weiter. Der Glühwein indes zeigte seine Wirkung. Und da Kampe schließlich hergekommen war, um Spaß zu haben, stellte er sich gleich am nächsten Glühweinstand an. Mit einem selbstgefälligen Schmunzeln bestellte er sich einen mit Schuss. Mit dem Entschluss, heute mit dem Trinken nicht zimperlich zu sein, war ihm deutlich leichter ums Herz.

Als er einmal den ganzen Weihnachtsmarkt abgelaufen hatte, stand er schon nicht mehr so ganz sicher auf den Beinen. Der Magen knurrte ihm jetzt wirklich. Sein erstes Hungergefühl lag nun schon eine Weile zurück, denn er war häufig stehengeblieben, hatte Ausstellern oder Karussells zugesehen und die regelmäßigen Glühweinpausen dafür genutzt, die vorbeilaufende Damenwelt etwas genauer zu betrachten. Für eine zweite Runde nahm er sich nun vor, auch bei einer Frau zu landen. Er spürte den Puls an seinen Schläfen und hatte geradezu das Gefühl, bei diesem

Winterwetter könne sein heißer Schädel dampfen. Was er essen würde, war ihm inzwischen egal. Letztendlich schlang er doch hastig eine Bratwurst herunter und machte sich dann zielstrebig wieder zu den Getränkeständen auf, wobei er weiterhin nach Frauen Ausschau hielt.

An diesem Tag hatte er allerdings kein Glück. Er blitzte rigoros ab; keine der Ostfrauen schenkte ihm Aufmerksamkeit, viele kehrten ihm sogar abweisend den Rücken zu.

»Blöde Tussen! Aber gut. Wenn ich schon bei keiner landen kann, dann sauf ich mir meinen Frust eben weg«, dachte Kampe und torkelte die nächste Runde quer über den Markt. Die Lichter verschwammen vor seinem Blick, und die Gesichter der anderen Weihnachtsmarktbesucher verloren ihre Konturen. Mit schwingenden Bewegungen versuchte er, das schwer gewordene Haupt vor dem Abkippen zu bewahren, indem er viel zu stark in die entgegengesetzte Richtung steuerte. Er wurde sich seiner Trunkenheit bewusst und überlegte, ob sie wohl auch den anderen Leuten aufgefallen war. Doch dann schüttelte er sich kurz. Eigentlich war ihm die Meinung der Fremden vollkommen egal. Über den Punkt, dass ihm sein Verhalten peinlich war, war er inzwischen längst hinaus.

Da entdeckte er einen sonderbaren Ausstellungswagen. »Tiere aus aller Welt« verkündete ein großes Schild über der Eingangstür. Der Wagen war ziemlich groß und bunt bemalt. Im Gegensatz zu den anderen Fahrgeschäften und Ständen gab es hier aber keine Schlange. Hin und wieder ging mal jemand hinein oder hinaus, aber Andrang wie sonst überall gab es nicht. Wahrscheinlich passten exotische Tiere nicht wirklich ins Konzept eines Weihnachtsmarktes. Kampe allerdings war in seinem Zustand davon ganz besonders angetan. Mit Erstaunen nahm er wahr, dass der Wagen ab und zu etwas zu schaukeln begann. Er war sich sicher, dass das nicht nur an seinem dröhnenden Kopf lag.

Darauf bedacht, nicht zu betrunken zu wirken, setzte er seine Schritte weit nach außen, um sein augenscheinliches Schwanken abzufangen. So lief er zum Eingang des Ausstellungswagens. Beim Öffnen der Tür schlug ihm eine Wand aus heißer Luft und herbem Geruch entgegen. Das war tatsächlich eine Abwechslung für seine Sinne, die gerade noch von kühlen Schneeflocken, Bratenrauch und dem Geruch nach kandierten Äpfeln umwabert gewesen waren. Unbewusst, aber lautstark atmete der Betrunkene aus und stützte die Hände auf die Oberschenkel. Nach einem kurzen Moment – der Aufseher hinter der Tür wollte ihm schon zu Hilfe kommen – hatte er sich wieder im Griff und betrat den Wagen.

»Fünfzig Pfennig bitte!«

Mit ausgestreckter Hand sah ihn der Tierwärter ausdruckslos an. Der ältere Herr mit grauem Schnauzbart hatte ein freundliches Gesicht, sah aber doch recht skeptisch aus, fand Kampe.

»Ja, is' ja jut.«

Er fasste sich kurz, um nicht zu lallen, und fingerte die 50 Pfennig aus dem Wechselgeld zusammen, das er an den Getränkeständen einfach in die Gesäßtasche seiner Hose hatte fallen lassen. Er drückte sie dem Alten in die Hand. Dann erst schaute er sich genauer um: Der Wagen beherbergte drei Käfige, die im Abstand von etwa einem Meter durch hüfthohe Absperrungen von einem Gang getrennt lagen. Dieser bot gerade zwei Personen nebeneinander Platz, um die Tiere zu betrachten. Auf der linken Seite lag ein Sibirischer Tiger mit dem Rücken zum Gang. Geradezu, am Ende des Wagens, hockte ein Braunbär, der sich im Sitzen mit der Tatze die Brust scheuerte. Auf der rechten Seite lag mit dem Kopf auf den Pfoten ein Löwe. Von der Decke strahlte eine elektrische Heizung die für die Tiere nötige Hitze ab.

Bis auf den Stuhl des Wärters am Eingang und einen großen Eimer voller Wasser befand sich in dem Wagen kein Mobiliar. Die beiden Großkatzen schienen sich an das Käfigleben völlig gewöhnt zu haben. Das Eintreten des Besuchers und der kühle Luftzug, der beim Öffnen der Tür entstand, kümmerte sie überhaupt nicht. Der Bär hingegen war interessierter und begann, ungestüm auf und ab zu laufen. Nun wurde Kampe auch klar, was vorhin das Schaukeln verursacht hatte: Jedes Mal, wenn der Bär zur Seite seines Käfigs lief, brachte das Gewicht des großen Tieres den Wagen ins Wanken.

»Machen Sie sich keine Gedanken, der Wagen steht völlig stabil«, versuchte der Wärter – wohl um einen kleinen Scherz bemüht – den neuen Besucher zu beruhigen.

Hätte der Alte ihn nicht gerade noch so blöd angeguckt, hätte Kampe vielleicht zurückgescherzt. Das wäre sonst eher seine Art gewesen. So aber gewann sein alkoholsaures Ego die Oberhand, und er ignorierte den Mann einfach. Die Tiere waren viel interessanter. Dass sie hier auf einem Weihnachtsmarkt so richtig große Raubtiere zeigten, verwunderte ihn. Deshalb war er bisher noch gar nicht weiter in den Gang hineingelaufen. Trotz des wandernden Bären hatte ihn mehr als alles andere die Faszination für den Tiger gepackt, der direkt zu seiner Linken lag. Das rhythmische Heben und Senken seines langen Brustkorbs vermittelte nur eine beschränkte Vorstellung von seiner Masse und Agilität. Hinter den durchscheinenden Rippen fiel die Silhouette sogar weiter ab, so dass der Tiger im Liegen recht klein und mager auf Kampe wirkte.

»Jetzt treff ich doch noch 'ne Mieze aus der Zone«, dachte er bei sich und prustete prompt lautstark los. Als hätte der Wärter seinen eigenwilligen Scherz hören können, drehte sich Kampe effektheischend in dessen Richtung. Als ihm bewusst wurde, dass er wohl eher einen idiotischen Eindruck machte, versuchte er instinktiv, die Situation zu überspielen: »Kann man die streicheln? Also, ich meine, den Tiger und so?«

»Nicht anfassen!«, herrschte der Mann herüber, »das sind echte Raubtiere, die dürfen Sie nicht anfassen. Bleiben Sie bloß hinter der Absperrung!«

Der Alte wurde jetzt deutlich zu hektisch für Kampes Geschmack. Da hatte er sich schon überwunden und war mal auf den Spießer zugegangen, und der reagierte bei einer einfachen Frage gleich so, als wäre er ein Verbrecher oder gar irre. Vielleicht war ja doch was dran an den Erzählungen, dass man in der Zone immerzu überwacht würde und alles so gezwungen sei. Jetzt jedenfalls wollte er erst recht nicht einfach kleinbeigeben. Er war schließlich kein kleiner Junge, den man herumkommandieren konnte.

»Mensch, die Katze pennt doch!«, erwiderte er mit schwankender Stimme und streckte im gleichen Moment den Arm zum Käfig aus, um deutlich zu machen, dass er nicht beeindruckt war.

Erschrocken ging der Wärter auf ihn zu, so dass Kampe den Arm ruckartig zurückzog.

»Lassen Sie das doch bitte! Wenn Sie nicht vom Käfig wegbleiben, müssen Sie den Wagen verlassen. Das geht doch so nicht!«

Trotz seiner eher väterlichen Stimme war der in die Jahre gekommene Mann nun doch erbost. Eigentlich war er bereits in Rente. Hier half er nur für ein geringes Zubrot aus, weil er jemanden aus dem Büro der Weihnachtsmarktleitung kannte. Ein ruhiger Posten sollte es sein auf seinem Stuhl im warmen Ausstellerwagen. Und bisher war ja auch wirklich kaum etwas losgewesen. Durch den aufsässigen Besucher aber wurde seine Aufgabe nun doch verantwortungsvoller, als er es sich wünschte.

Der Betrunkene hatte den Arm zwar zurückgezogen, er stand ihm aber noch immer in aggressiver Haltung im Gang gegenüber. Er machte keinerlei Anstalten zu gehen oder sich versöhnlich zu zeigen. Vielmehr schien er jetzt angespannt darauf zu warten, dass ihm etwas einfiele oder sich eine Gelegenheit ergäbe, um zu provozieren und Ärger zu machen.

Ein paar Sekunden standen sie sich regungslos gegenüber. Die Erstarrung löste sich jedoch abrupt auf, als sich hinter dem Wärter plötzlich die Tür öffnete und drei Jugendliche den Wagen betraten. Diese bemerkten die angespannte Situation im Wagen gleich und blieben im Eingang stehen.

»Äh, können wir reinkommen? Is' doch noch offen, oder?«, fragte der Größte unter ihnen.

Jetzt, da die neuen Gäste schon eine Frage an ihn gerichtet hatten, konnte der Wärter ihnen nicht einfach weiter den Rücken zudrehen. Wegen eines Angesoffenen kann doch nicht der ganze Betrieb zum Erliegen kommen, dachte er bei sich. Nach einem letzten eindringlichen Blick in Kampes Richtung drehte er sich zu den Jungs in der Tür um.

»Ja natürlich, es ist noch offen. Ihr könnt auch gleich rein, wenn der Herr hier fertig ist. Moment noch, ja?«

Der Moment, den der Alte sich ausbat, war allerdings bereits zu lang. In dem Augenblick, als sich der Wärter endlich von ihm abwandte, nutzte Kampe die Gelegenheit, um heute – allen Widrigkeiten zum Trotz – doch noch etwas zu erleben. Blitzschnell stieg er auf die untere Leiste des Geländers, stützte sich mit der Hüfte gegen die obere Stange und reckte sich so weit nach vorn, dass er mit der rechten Hand den Rücken des Tigers erreichte. Er wollte die Riesenkatze nur ganz schnell streicheln – damit hätte er sich und dem Wärter bereits genug bewiesen.

Die Berührung des Tigerfells löste einen ungeheuren Nervenkitzel bei Kampe aus. Seine Brust füllte sich mit einem unbeschreiblichen Hochgefühl, und in Händen und Hirn flimmerte es regelrecht vor erregender Spannung. Bevor das Adrenalin jedoch zu voller Wirkung gelangen konnte, wirbelte der erschrockene Tiger mit einer Geschwindigkeit herum, die seiner Größe gar nicht angemessen schien, und fixierte die Menschenhand, bevor er mit seiner Pranke nach ihr schlug. Die gewaltigen, gebogenen Krallen verhakten sich in der Hand, und während Kampe überhaupt erst zu schreien anhob, wurde er bereits am Arm bis zur Schulter in den Tigerkäfig gezogen.

Die Kraft des gewaltigen Raubtieres, das im Liegen gar nicht so beeindruckend gewirkt hatte, machte alle Bemühungen des drahtigen Mannes zunichte, sich dem Griff des Tigers zu entziehen. Schmerzvoll verzog Kampe das Gesicht. Als der wütende Tiger seine schreiende Beute so weit zu sich herangezogen hatte, wie es die Gitterstäbe des Käfigs zuließen, verbiss er sich kraftvoll im menschlichen Oberarm. Im Maul eines über zweihundert Kilogramm schweren männlichen Amurtigers wirkte der muskulöse Arm eines schlanken Straßenarbeiters wie ein dürrer Stecken. Die gewaltige Raubkatze stieß ein dumpfes Knurren aus, während sie den Rest der tief versenkten Zähne bleckte. Mit weit aufgerissenen Augen beobachtete der Tiger den Löwen und Bären, um sicherzustellen, dass ihm niemand die Beute streitig machte.

In Kampe übernahmen inzwischen die Instinkte eines verletzten Tieres die Kontrolle. Er begann, mit den Beinen zu strampeln, und stemmte sich mit dem verbliebenen Arm gegen die Gitterstäbe. Sein Brüllen überschlug sich. Kein Wort, nur ein gurgelnder Laut des tiefsten unkontrollierten Entsetzens entglitt seiner Kehle. Damit erreichte er aber nur, dass der Tiger zur Demonstration seiner Überlegenheit heftig den Kopf schüttelte und Kampes Arm weiter aufriss. Warmes Blut spritzte der Raubkatze ins Maul, und sie begann, so viel sie konnte davon aufzulecken, ohne den Biss lösen zu müssen. Die raue Zunge, die sonst dazu diente, Fleischfetzen von Knochen abzuschmirgeln, verstärkte die Blutung der inzwischen klaffenden Armwunde. Kampe würgte, als die gewaltige Katzenzunge erbarmungslos den Widerstand seiner Haut wegfegte. Das Geräusch reißenden Fleisches und der sich auflösenden Haut war zu viel für ihn. Sein Arm zuckte unter der Gewalt des Raubtiers, während er sich, einer Ohnmacht nahe, auf die Fliesen erbrach.

Der beim ersten Schrei sofort aufmerksame Wärter erfasste die Situation blitzschnell und griff nach dem Eimer, der immer neben seinem Stuhl am Eingang des Wagens stand. Weit ausholend schüttete er das Wasser dem Tiger ins Gesicht. Dieser riss sich augenblicklich fauchend vom Verletzten los, nahm dabei aber auch sichtbar ein ganzes Stück des Armes mit. Vor Schmerzen und Schreck brüllend, rutschte Kampe über die Absperrung zurück in den Gang. Das Blut brach nun in kleinen Fontänen aus der Wunde.

Während der Wärter zu ihm eilte, schrien die Jugendlichen nach einer kurzen Schrecksekunde um Hilfe. Sofort rannten zwei junge Bereitschaftspolizisten herbei, die gerade einen Rundgang auf dem Markt unternahmen. Am Ausstellerwagen angekommen, fanden sie völliges Chaos vor: Eine große Blutlache im Wagen, aufgeregte Minderjährige und ein vor Schmerz wie wahnsinnig schreiender Mann am Boden. Das alles umgeben von fauchenden Raubkatzen und einem sichtlich erregten Bären, der die Szenerie schaukeln ließ.

»Ach du Scheiße!«, entfuhr es dem jungen Schutzpolizisten, und ihm fiel nichts anderes ein, als in Eile seine Makarov aus dem ledernen Koppel zu ziehen und zwei Schüsse durch die Decke zu feuern, so wie es vielleicht im Notfall einen Lynchmob hätte stoppen können. Ganz entgegen dieser Logik brachte er damit den Tumult nur noch weiter in Gang. Die Jugendlichen kauerten sich im ersten Schreck instinktiv zusammen, und alle drei großen Tiere stimmten mit dem Verletzten in ein unermessliches Schreikonzert ein. Besucher, die auf den Hilferuf der Jungen hin nähergekommen waren, stoben nun wie aufgescheuchte Hühner auseinander.

Erst jetzt überblickten die Polizisten die Situation. Der Tiger leckte sich zwar noch das um seine Schnauze herum blutgetränkte Fell, aber er war nicht ausgebrochen. Der ältere Mann, der nun von den Schüssen erschrocken mit erhobenen Armen aufstand, hatte lediglich einem durch den Tiger Verletzten Hilfe geleistet. Dieser krümmte sich am Boden in einer wachsenden Lache seines eigenen Blutes.

»Hol sofort 'nen Notarzt!«, brüllte einer der Schutzpolizisten seinem Genossen zu, während er zum Verletzten eilte.

Der Angesprochene schob hastig und mit schuldbewusster Miene die Pistole zurück ins Holster und rannte los.

Erst als die nahe dem Weihnachtsmarkt in Bereitschaft stehende Feuerwehr vor Ort war, konnte sie die Situation auflösen. Der Rettungswagen brachte den Verletzten umgehend in die Charité. Der Einsatzleiter der Feuerwehr ließ außerdem die Tiere beruhigen und den Wagen abschließen, damit er als möglicher Tatort von der Polizei untersucht werden konnte. Gleich vor Ort wurden die Jugendlichen und der Wärter durch die Polizisten befragt und ihre Personalien aufgenommen. Natürlich wurde auch die Polizeidienststelle in Berlin-Mitte informiert.

Hauptmann Gerhardt wälzte gerade Akten an seinem Schreibtisch, als in seinem Büro in der Keibelstraße das Telefon klingelte. Nachdem er den letzten Satz zu Ende gelesen hatte, ließ er die Aktenmappe offen liegen und nahm den Hörer ab.
»Hier Gerhardt.«
Sein Gesicht zeigte deutlich, dass er sich soeben noch auf etwas anderes konzentriert hatte und er wegen der Störung ungehalten war. Mit einem Mal aber wich sein abwesender Gesichtsausdruck einem offenen Staunen: »Ein Was? Von einem Tiger? Alles klar, ich komme hin.«
Er stand auf, klappte den Aktendeckel zu, zog sich das Jackett an, das er beim morgendlichen Betreten des Büros an den Kleiderständer neben der Tür gehängt hatte, und machte sich auf den Weg. Im Treppenhaus begegnete er der Leiterin der Registratur, Ahlbach, deren Genauigkeit den ordentlichen Ablauf der Vorgänge, die die Polizei in Mitte zu bearbeiten hatte, erst wirklich sicherstellte. Wenn niemand etwas versemmelte, konnte man zudem sehr gut mit ihr auskommen.
Da sie Gerhardts Eile bemerkte, fragte sie scherzhaft im Vorbeigehen: »Na, steht Berlin noch?«
Gerhardt wandte nur kurz schmunzelnd den Kopf um und erwiderte im Laufen: »Ja. Aber bleib besser drinnen, ich muss erst einen Tiger fangen.«

Als er kurze Zeit später am mutmaßlichen Tatort eintraf, wartete der Einsatzleiter der Feuerwehr bereits auf ihn. Der Betrieb auf dem Weihnachtsmarkt war schon wieder in vollem Gange, der Feuerwehreinsatz und die Schüsse hatten bei der hohen Fluktuation an Besuchern nicht lange vom Weihnachtsgeschäft ablenken können. Nach einer kurzen Begrüßung der Genossen von der Feuerwehr und der Kollegen von der Kriminaltechnik ließ sich Gerhardt noch einmal im Detail von den Vorkommnissen berichten.

»Wir haben den Bereich bereits gesichert«, fasste einer der Polizeibeamten zusammen. »Allem Anschein nach handelt es sich um Selbstverschulden. Der Verletzte hat den Tiger mutwillig und trotz der Warnungen des Wärters durch die Gitterstäbe gestreichelt. Das bestätigen alle Zeugen des Unfalls. Es besteht also kein dringender Handlungsbedarf. Der Verletzte selbst hat sich bislang nicht geäußert. Er ist stark alkoholisiert.«

»Haben Sie seine Personalien aufnehmen können?«, fragte Gerhardt.

»Ja. Rainer Kampe. Stammt aus Westberlin.«

Unterdessen setzten die Kriminaltechniker ihre Arbeit fort. Schon vor dem Eintreffen des Untersuchungsleiters hatte Leutnant Glöckner damit begonnen, Aufnahmen vom Tatort und der Umgebung zu machen. Es folgten die Vermessung des Wagens und der Käfige sowie Absperrungen in seinem Innern.

Die Kriminaltechnik in Mitte war auf Zack, das wusste Gerhardt. Daher bekam er auch am nächsten Tag von Oberleutnant Holetzki eine präzise angefertigte Skizze des Wagens ins Büro geschickt, auf welcher gleichfalls die Positionen des Geschädigten und der Zeugen verzeichnet waren. Er hätte sich dazu also gar nicht aus dem Büro begeben müssen. Im Verlauf seines Werdegangs als Kriminalist hatte Gerhardt jedoch den Wert eines persönlichen Eindrucks vom Tatort immer mehr schätzen gelernt. So oft es sich einrichten ließ, war er selbst vor Ort. Nicht nur, dass er so gegenüber einem bloßen Bericht von anderen viel mehr Details erfassen konnte, überhaupt erhielt er auf diese Weise auch eine Art emotionales Gespür für die versteckten Probleme, Absichten und Betroffenheiten der Beteiligten. Hatte er sich selbst umgesehen, fielen ihm die Entscheidungen, die er zu fällen hatte, einfach leichter. Er war dann wirklich selbst in den Fall mit eingebunden.

Für diesen Vorgang nun hatte er mit dem Auto gerade einmal fünf Minuten bis zum Alex gebraucht, und es war ein sonderbarer Fall für den Weihnachtsmarkt. Hier ließ er es sich also erst recht nicht nehmen, auch persönlich dabei zu sein.

Sobald er tags darauf alle Unterlagen beisammen hatte, sichtete er sie noch einmal im Zusammenhang. Ohne lange zu grübeln, beschloss er, eine Anzeige von Amts wegen einzuleiten, wegen des Verdachts auf schwere Körperverletzung. Außerdem setzte er ein Ermittlungsverfahren gegen Unbekannt in Gang. Diese Sache wollte er vollständig geklärt sehen. Schließlich handelte es sich bei dem geschädigten Westberliner ja um einen Ausländer. Das machte eine Sofortmeldung über das Vorgefallene und die eingeleiteten Maßnahmen notwendig.

Da es gerade in Mitte häufig Gäste aus dem Ausland gab und die K auch Kriminalisten in den Hotels und Kaufhäusern beschäftigte, kamen häufiger kleine Diebstähle und Rangeleien auf seinen Tisch. Diese mussten zügig und sorgsam bearbeitet werden, denn oft waren die Gäste schon wieder abgereist, während die Ermittlungen noch liefen. Solch eine Sofortmeldung ging zunächst nur an das Polizeipräsidium. Dort musste ein Überblick über die aktuelle Gesamtsituation in Berlin entstehen. Innerhalb der Polizeiinspektion Mitte entschied letztendlich der Inspektionsleiter darüber, wer über den vorliegenden Fall außerdem noch unterrichtet werden musste.

Vom Fall mit dem Tigerbiss erfuhren letztendlich der Bürgermeister von Berlin-Mitte, der Erste Sekretär der SED-Kreisleitung und der Leiter der Kreisdienststelle des Ministeriums für Staatssicherheit. Dass ausgerechnet ein Ausländer bei diesem skurrilen Vorkommnis auf dem Berliner Weihnachtsmarkt betroffen war, konnte potenziell an vielen Stellen auf Interesse stoßen. Der Fall sprach sich in der Inspektion Mitte herum.

In den Tagen darauf musste sich Gerhardt als Untersuchungsleiter immer wieder hinter vorgehaltener Hand oder – wenn man sich besser kannte – auch offen belächeln lassen. Für so ziemlich alle stand fest, dass der Geschädigte sich falsch verhalten hatte. Nachdem die ausführlichen Zeugenaussagen der Jugendlichen und des Wärters übereinstimmend das Fehlverhalten des Betrunkenen bestätigten, war augenscheinlich, dass er sich die Verletzung selbst zuzuschreiben hatte. Wer einen Tiger provoziert, sei einfach nicht ganz bei Trost und müsse mit Konsequenzen rechnen, war allgemeiner Tenor.

Die offene oder unterschwellige Solidarität mit der Raubkatze und die moralische Intuition seiner Kollegen konnte sich Gerhardt schon vorstellen, aber das waren aus kriminalistischer Sicht selbstverständlich keine belastbaren Gründe dafür, den Fall ohne Weiteres abzuschließen. In den Augen mancher Kollegen eröffnete er aber einen Fall, der gar keiner war. Auch die beiden Genossen Glöckner und Holetzki, die mit der Untersuchung im Detail beauftragt worden waren, äußerten ihre Verwunderung. Alle drei kannten sich schon länger und kamen gut miteinander aus. Als Gerhardt stellvertretender Leiter der K in Mitte geworden war, hatte er gleich persönliche Gespräche mit den Kollegen gesucht und auch klar gemacht, dass man zu ihm immer offen und ehrlich sein könne – ein gewisses Maß an Professionalität natürlich vorausgesetzt.

Leutnant Glöckner und Oberleutnant Holetzki waren ein eingespieltes Team, und der Untersuchungsleiter vertraute ihnen den Fall gerne an. Als beide durch die wie immer offenstehende Tür in Gerhardts Büro traten, saß dieser gerade am Schreibtisch mit dem Rücken zum Fenster.

»Tach, Genosse Hauptmann!«

»Ja, grüßt euch, Genossen. Bitte, setzt euch.«

Gerhardt wies mit der Hand auf den Konferenztisch, der sich in der Mitte des Raumes befand, lief ebenfalls hinüber und nahm Platz.

Holetzki sprach weiter, während er sich setzte, denn die Zunge saß ihm locker: »Wir sollen also 'nen Täter drankriegen. Ich hab gedacht, der sitzt schon längst lebenslänglich hinter Gittern.« Diesen Scherz hatte er sich auf dem Weg ausgedacht und wollte ihn loswerden, bevor sich keine passende Gelegenheit mehr dafür fände. »Also, ich meine, der Tiger, ne?«, stellte er klar und lächelte breit und einnehmend.

Glöckner schmunzelte nur verhalten und machte den Eindruck, wegen dieses frechen Starts in ein Gespräch mit einem Vorgesetzten etwas besorgt zu sein.

Gerhardt seufzte gedehnt und mit hochgezogenen Augenbrauen. Er schob jedoch sogleich einen stoßartigen Lacher nach.

»Hab mal ein bisschen Geduld«, versuchte er, wieder zum Ernst der Lage zurückzukehren. »Da kommt einer aus Westberlin zu uns auf den Alex und will zum Weihnachtsmarkt. Und ausgerechnet auf diesem, unserem Weihnachtsmarkt wird ihm von einem Tiger der Arm zerfetzt. Da können wir doch nicht einfach so tun, als wär er nur eben ausgerutscht.«

»Ich weiß ja, Chef«, warf Holetzki mit einer beschwichtigenden Handbewegung ein.

Gerhardt schüttelte den Kopf.

»Nichts für ungut, aber ich bekomme immer öfter das Gefühl, dass hier nur wenige Genossen so richtig wissen, was da alles dranhängt. Wenn ich bei solchen Geschichten so genau bin, dann deshalb, weil ich immer Vorsorge treffe, dass uns auch in der Zukunft kein fehlendes Detail auf die Füße fällt. Da geht mir das ganze Getuschel, das wäre kein richtiger Fall, gehörig auf die Nerven. Das hier ist per definitionem ein Fall: Wir haben einen Geschädigten, und über Verantwortlichkeiten sprechen wir, wenn die ermittelt worden sind, und nicht, wie der Hausverstand es gerade will.« Gerhardt räusperte sich und fuhr fort:

»Die Meldung ging an so viele Stellen raus, weil es heißen könnte, der Weihnachtsmarkt am Alex sei nicht sicher. Wenn später irgendeine dieser Stellen nach der Ermittlung fragt, soll ich dann einfach sagen, wir dachten, es ginge auch ohne Untersuchung? Wir werden also im Interesse des Geschädigten, im Interesse der Sicherheit der Besucher und im Interesse der Darstellung der Hauptstadt im Ausland ordnungsgemäß die nötigen Ermittlungen durchführen. Ich weiß, du hast nur 'nen Scherz gemacht, aber nehmt die Sache bitte ernst, damit wir dem RIAS und der BILD kein Futter liefern.«

Gerhardt seufzte. Er hatte sich kurz in Rage geredet und zwang sich nun zurück zur Ruhe. Nachdem er sich einmal Luft gemacht hatte, fühlte er sich erleichtert.

»So viel also dazu. Nun, ich brauche mögliche Vorschriften für die Ausstellung von Raubtieren. Für den Wagen, für den Wärter, eben alles, was ihr finden könnt. Wenn es für solche Wagen nichts gibt, dann guckt, wie Tiger in der Republik überhaupt gehalten werden dürfen. Dann müssen wir wissen, wie stark die Verletzungen des Geschädigten sind. Wird es Spätfolgen geben und so weiter? Ach, und guckt mal, ob sich was zu Verhaltensvorschriften für den Wärter findet. Wenn ich die ersten Ergebnisse habe, ergibt sich dann vielleicht noch mehr.«

Die beiden Kriminaltechniker hatten sich Notizen gemacht.

»Gut. Ich ruf gleich mal in der Charité an«, sagte Holetzki. »Ist sonst noch was?«

»Das wäre es fürs Erste schon. Ihr müsst euch also

gar nicht wirklich mit dem Tiger rumschlagen, wie ihr seht.«

Sie gaben sich zum Abschied die Hand, und Gerhardt setzte sich wieder an den Schreibtisch.

Leider stellte sich die Einschätzung des Schweregrades der Verletzungen von Rainer Kampe als schwierig heraus. Die Ärzte in der Charité hielten sich mit Prognosen zunächst recht bedeckt. Aus dem Oberarm war zwar ein großes Stück herausgetrennt worden, inwieweit sich nach der Heilung die Funktion wiederherstellen ließe, konnte man aber noch nicht sagen. Zwar stand fest, dass der Mann nicht mehr in Lebensgefahr schwebte, aber die Gefahr, dass der Arm ganz amputiert werden müsse, bestand weiterhin. Was die Ärzte jedoch mit Sicherheit sagen konnten, war, dass ein Blutalkoholgehalt von über zwei Promille gemessen worden war.

Vorerst musste sich Gerhardt also auf die angeforderten Vorschriften zu Aufstellung und Betrieb eines Wagens mit lebenden Tieren konzentrieren. Dabei stellte sich heraus, dass der Wassereimer, den der alte Wärter gegen den Tiger zum Einsatz gebracht hatte, nicht einfach eine alberne Marotte war. Zunächst hatte Gerhardt nämlich angenommen, dass so ein Eimer voller Wasser nur durch einen glücklichen Zufall dazu geführt hatte, dass der Tiger von seinem Opfer abließ, und dass er eigentlich eher dazu hatte dienen sollen, das Publikum in Sicherheit zu wiegen. Tatsächlich aber entsprach das Vorgehen der Aufsichtsperson recht präzise der Vorschrift für den Umgang mit Raubtieren in einem solchen Notfall. Während bei der Ausstellung von kleinen oder ungefährlichen Tieren keine Notwendigkeit für solche Vorkehrungen bestand, war der Wassereimer bei großen Raubtieren Pflicht.

Beim Durchsehen der Unterlagen musste Gerhardt seine erste Vermutung zu dem Wassereimer also verwerfen. Außerdem war für ihn damit auch der letzte fragliche Punkt zur Rolle des im Wagen beschäftigten Rentners geklärt. Nachdem die Jugendlichen bereits ausgesagt hatten, dass sich der Mann korrekt verhalten habe, und außerdem kein Hinweis auf einen Angriff seinerseits bestand, lag zumindest kein Tatverdacht mehr vor.

Am Aufbau des Wagens selbst war anscheinend auch nichts auszusetzen. Allerdings war nicht ohne Weiteres zu klären, ob die Absperrung, welche den Gang im Inneren des Wagens von den Käfigen trennte, auch wirklich der Gefahr angemessen positioniert und konstruiert war.

Umso mehr bemühten sich Holetzki und Glöckner um die zügige Aufklärung der offenen Fragen. Etwa eine Woche nach dem eigentlichen Vorfall fuhren sie von der Dienststelle in Mitte aus zum Tierpark in Berlin-Friedrichsfelde. In dem großen Landschaftstierpark befand sich mit dem Alfred-Brehm-Haus die erste Adresse in der DDR, wenn es um die Haltung von Großkatzen ging. Um die über tausend Quadratmeter umfassende und sechzehn Meter hohe Tropenhalle herum waren verschiedene exotische Großkatzen in zum Teil recht engen Käfigen untergebracht. Für die Löwen und Tiger gab es geräumigere Felsenanlagen. Wenn sich also jemand damit auskannte, solche Raubtiere zu halten und auszustellen, dann die Leute im Tierpark.

Der Sicherheitsverantwortliche war erstaunlicherweise nicht überrascht über den Besuch der Polizisten. Irgendwie hatte er etwas von dem Vorfall auf dem Weihnachtsmarkt mitbekommen, obwohl die Presse darüber nicht berichtet hatte. In jedem Fall war er sichtlich erfreut über die Gelegenheit, die Sicherheitsmaßnahmen im Brehm-Haus vorstellen zu können.

Die Aufgabe, Gefahren durch große Raubtiere einzudämmen, überhaupt ein Beruf, der mit Panthern, Löwen und Tigern zu tun hatte, dominierte seit Jahren immer wieder große Teile der Gespräche, die er mit anderen führte. Er gewöhnte sich so sehr an den Respekt und den Zuspruch, dass ihm seine fachlichen Ausführungen mit der Zeit immer prahlerischer gerieten, ohne dass er diese Entwicklung bemerkt hätte. Der Besuch der Obrigkeit, wie er die Zusammenkunft mit den beiden Kriminaltechnikern völlig überbewertete, beflügelte diesen Wesenszug nur noch mehr. So ließ er es sich auch nicht nehmen, mit den Polizisten gleich aus seinem Büro ins Raubtierhaus hinüberzugehen.

Als er auf dem Weg begann, einen kleinen Abriss der Geschichte des 1963 eröffneten Alfred-Brehm-Hauses vorzutragen, unterbrach ihn Holetzki: »Nicht böse sein, aber das ist mir nicht ganz neu. Sie würden uns helfen, wenn Sie gleich im Detail zu den Sicherheitsmaßnahmen für Tiger kommen würden.«

Der Tierpark und das Raubtierhaus waren so ziemlich jedem Berliner bekannt. Alle waren schon mindestens einmal da gewesen und hatten im Vorbeispazieren auch die Informationstafeln gelesen. Manche hatten es aber eilig, um eine bestimmte Route durch das Gelände zu schaffen, und ließen die fachlichen Erklärungen links liegen. Jeder hatte da bestimmte Vorlieben, um die richtige Mischung aus seinen Lieblingstieren sehen zu können. Besonders wegen der Kinder gab es für viele Familien feste Routen, die durch den Spielplatz, den Streichelzoo, ein Eis oder eine Kettwurst unter mächtigen Kastanien unterbrochen wurden. Für die Eltern waren die Tafeln bei solchen Traditionstouren dann irgendwann eine willkommene Abwechslung und wurden vollständig gelesen. Sofern es also nicht den Schutz vor beißenden Tigern betraf, hatte Holetzki gar kein Interesse an einer ausufernden Geschichtsstunde.

Im Brehm-Haus angekommen, empfing sie der schwer in der Luft liegende, herbe Geruch der verschiedenen Raubkatzen, der allen dreien durchaus vertraut war. Mit den Bildern des Verletzten im Hinterkopf, kam es jedoch zumindest Glöckner in den Sinn, dass dieser eigentümliche Mief ohne die dicken Gitterstäbe und die Gräben bedrohlich und erdrückend gewirkt hätte. Der Geruch schien ihm jetzt so etwas wie eine urgewaltige Präsenz mitzuteilen, so dass er sich plötzlich viel verletzlicher fühlte, als er es für möglich gehalten hätte. Der gebissene Westler hatte Glöckners Selbstverständnis von Sicherheit und Überlegenheit des Menschen unter anderen Lebewesen etwas erschüttert.

Er schüttelte diese Gedanken wie auf die Jacke gefallenen Schnee durch ruckartiges Heben der Schultern ab. Holetzki schaute ihn nur kurz fragend an, widmete sich aber gleich wieder dem Sachverständigen. Es stellte sich schließlich heraus, dass die Sicherheitsmaßnahmen bei den geschlossenen Käfigen recht genau denen des Wagens entsprachen. Die Gitterstäbe waren auch nicht dicker oder enger, und das Geländer hielt die Besucher im gleichen Abstand vom Käfig.

Damit Glöckner unbesorgt selbst die Abstände messen und im Notizbuch festhalten konnte, ließ man die Raubkatze aus dem Innern ihres Käfigs extra nach hinten herausführen. Während er sich mit dem Zollstock am Gitter zu schaffen machte, ging Holetzki mit dem Sicherheitsbeauftragten der Vollständigkeit halber noch zum Felsengehege. An den sich gegenüberliegenden schmalen Seiten des Gebäudes waren jeweils die Löwen und die Tiger in breiten, offenen Gehegen untergebracht, die wie gewaltige Felsenhöhlen gestaltet waren. Die weiterhin in weltmännischem Ton vorgetragenen Daten zur Ausdehnung des Geheges und der Tiefe des Wassergrabens, der weit unterhalb der eigentlichen Brüstung die Tiere von den Gästen des Tierparks trennte, schrieb Holetzki schon nicht mehr mit. Die Höhe der Brüstung notierte er sich noch, ansonsten stand für ihn aber fest, dass dieses Gehege keinen Aufschluss über ein Versäumnis beim Ausstellungswagen bot. Die Brüstung war vielleicht noch mit der Absperrung vor den Käfigen im Wagen vom Weihnachtsmarkt vergleichbar. Das sollte dann der Untersuchungsleiter selbst entscheiden.

Als Glöckner die Messungen beendet hatte und sein Kollege zur Verabschiedung ansetzte, erkundigte sich der Leiter für Sicherheit verhalten: »Was war denn nun eigentlich Anlass Ihres Tierparkbesuches, wenn ich fragen darf? Die Kollegen sind bestimmt neugierig.« Seine eigene Neugier schien aber die weitaus größte zu sein.

Holetzki schmunzelte und beließ es bei einer halben Erklärung: »Wir können Ihnen versichern, dass wir nicht gegen den Tierpark ermitteln. Nur so viel: Es wurde jemand gebissen. Also vielen herzlichen Dank noch mal für die Hilfe. Die Volkspolizei ist Ihnen sehr verbunden. Wir finden selbst zum Ausgang.«

Der Sicherheitsleiter blieb verdutzt zurück.

Mit den Daten aus dem Tierpark ergab sich für Hauptmann Gerhardt nun ein rundes Bild. Es gab damit aus seiner Sicht keine offenen Fragen mehr, die man hätte verfolgen müssen. Einen Täter mit absichtsvollem Handeln gab es ohnehin nicht, und Fahrlässigkeit oder Verantwortungslosigkeit von Seiten des Ausstellers lagen ebenfalls nicht vor. Sicherlich würden sich einige der Spötter darin bestätigt sehen, dass Gerhardt eigentlich nur eine Anzeige ins Nichts gestellt hatte. Aber darum ging es ja oft: Das Nichts zu füllen, um Sachverhalte bewerten und gegen andere abgrenzen zu können. Kriminalistik ist keine Sache von Selbstverständlichkeiten, sondern von Sorgfalt. Nun war wenigstens sichergestellt, dass angesichts der hohen Erwartungen an den Berliner Weihnachtsmarkt nicht fahrlässig gehandelt worden war.

»Recht gewaltsam war es ja trotzdem zugegangen«, dachte Gerhardt. Denn über die Ausmaße und Folgen der Verletzung konnten die Ärzte immer noch nicht abschließend urteilen.

Erst acht Wochen nach dem Unfall stellte sich heraus, dass Rainer Kampe seinen Arm verlieren würde. Die Charité meldete sich der Absprache gemäß, da sich der Zustand des Verletzten geändert hatte. Der Speichel des Tigers war Nährboden für eine Menge von gefährlichen Mikroorganismen gewesen und hatte eine schwere Infektion verursacht. In Anbetracht der Größe der Wunde und daher auch der Fläche des infizierten Gewebes entschied man im Krankenhaus schließlich, eine Amputation durchzuführen. Damit waren endgültig und kurz aufeinanderfolgend die Möglichkeiten für einen glimpflichen Ausgang wie auch eines Fremdverschuldens aus dem Weg geräumt.

Gerhardt blieb nichts anders übrig, als das Ermittlungsverfahren gegen Unbekannt einzustellen und in der entsprechenden Sofortmeldung bekanntzugeben, dass sich der Schausteller keines Verstoßes gegen die Vorschriften schuldig gemacht hatte und das Verhalten des Aufsehers einwandfrei gewesen war. Er hielt die Sache damit für ausermittelt und abschließend geklärt.

Umso mehr irritierte Gerhardt im Sommer 1986 die Hektik, die an einem dienstfreien Sonntag wegen so einer Sache veranstaltet wurde. Immer noch in seinem grünen Trabbi sitzend, lachte er stoßartig auf, als er sich an den Scherz von Holetzki erinnerte.

»Vielleicht wollen sie den Tiger ja jetzt begnadigen und geben ihm Freigang?«, feixte er und fuhr wieder zurück zu seiner Familie in den Garten. Sense und Rasen warteten ja auch noch auf ihn.

Als er am nächsten Morgen wie angekündigt pünktlich um halb sieben im Büro ankam, warteten schon zwei Genossen vom MfS auf ihn. Da sie sich kannten, fand er es umso blöder, dass sie ihn jetzt mit finsterer Miene erwarteten und so taten, als habe er die Republik verraten. Er reagierte nach außen hin gelassen und grüßte förmlich.

»Ihr möchtet den Vorgang zum Tigerbiss sehen, richtig, Genossen? Ich lasse ihn natürlich raussuchen. Der Erhalt ist aber bitte zu quittieren.«

Anschließend ging er zu Ahlbach, der Leiterin der Registratur, und bat sie, den Vorgang an die Herren vom MfS zu übergeben und sich den Ausgang der Akten offiziell bestätigen zu lassen. Als er wieder zurück war, bat er die beiden Herren in sein Büro. Sie zu lange warten zu lassen, hätte die Sache dann doch auf die Spitze getrieben. Gerhardt setzte sich mit ihnen an den Konferenztisch.

»Mensch, Genossen, ich hoffe, ihr versteht mich. Ihr bekommt den Vorgang ganz vorschriftsgemäß. Ich wollte euch nicht das Wochenende versauen. Aber ihr offensichtlich meins, wenn ihr extra einen Kollegen in meinen Garten schickt. Lasst doch mal die Kirche im Dorf.«

»Ja, ist ja gut, ist ja gut. Lass uns erst mal reinschauen. Vielleicht löst sich ja bald alles in Wohlgefallen auf, Genosse.«

»Dauert sicher nicht lange«, meinte Gerhardt, um das Gespräch nicht aus dem Fahrwasser einer sachlichen Auseinandersetzung unter Angehörigen von Bruderorganen driften zu lassen. Glücklicherweise hatte sich Ahlbach der Situation entsprechend beeilt und die Untersuchungsdokumente binnen fünf Minuten ins Büro gereicht. Die beiden Offiziere studierten die Akten gleich eilig vor Ort.

»Können wir mal telefonieren?«, fragte der eine. Offenbar hatte er gefunden, was er suchte, und rief auf das Nicken von Gerhardt hin in der Kreisdienststelle Mitte an. Er meldete, dass alles tatsächlich umfassend untersucht worden sei, und zählte die wesentlichen Punkte des Verfahrens auf.

Dann wandte er sich erneut an den stellvertretenden Leiter der K.: »Ich sagte doch, es wird sich alles ergeben. Danke noch mal. Von eurer Seite ist alles richtig gelaufen.«

»Ja, natürlich ist es das. Schön. Und was ist nun eigentlich los?«

»Die Westpresse hat die Geschichte bereits breitenwirksam verwurstet. Zweiseiter in der BILD-Zeitung. Wir wollten sichergehen, dass uns da nichts nachhängt. Und wir mussten leider am Sonntag raus. Also nichts für ungut, Genosse!«

»Na gut. Ich sehe, wir sind alle froh, dass die Sache endlich vom Tisch ist. Nehmt ihr die Akten mit? Dann bitte noch mal in die Registratur, damit der Vorgang ordnungsgemäß ausgetragen werden kann.«

Sie verabschiedeten sich mit deutlich besserer Laune als noch vor einer Viertelstunde, als sie in die Dienststelle gekommen waren.

»Der ganze Ärger also nur wegen einer Zeitung von drüben«, dachte Gerhardt. Manchmal war es erstaunlich, welchen Einfluss die Presse im Westen auf die Abläufe in der Staatsführung im Osten hatte.

Er ging noch mal runter in die Registratur zu Frau

Ahlbach. Die sah ihn bereits im Gang und rief, noch bevor er fragen konnte: »Ja, ist mit Quittierung rausgegangen.«

Gerhardt blieb kurz verdutzt stehen, dann hob er lächelnd und mit einem Schulterzucken die Arme und drehte sich auf dem Absatz um. Auf Heike war Verlass. Er hätte sich den Weg sparen können.

Ein Bier für einen Doppelmord

Die Wohnungstür fiel mit Wucht ins Schloss. Jochen Wallmeier stand betreten draußen im Flur des Treppenhauses, seinen alten Hut unter dem Arm und einen breiten Lederkoffer neben sich. Eine ganze Weile blieb er einfach nur so stehen und schaute die Treppen hinab. Abwärts. Für ihn ging es immer weiter abwärts. Ein Haufen Schulden und wieder rausgeflogen. Er fühlte sich, als hätte er nun alle Zeit der Welt. Ganz so, als könne er sich einfach treiben lassen. Der letzte Anker, der ihn bis jetzt an einem Platz gehalten hatte, befand sich hinter der verschlossenen Tür. So betrachtet, hatte das Zerwürfnis mit seinem letzten verbliebenen Freund auch etwas Befreiendes.

In den letzten zwei Wochen hatte immer mehr zwischen ihnen gestanden. Seit er Ende März 1990 in Arnos Wohnung mit eingezogen war, fühlte der sich offensichtlich dafür verantwortlich, ihn irgendwie wieder zurechtzurücken. Klar, Wallmeier hatte wegen ein paar Eierdiebstählen Bekanntschaft mit der Polizei gemacht, und er war total blank. So bekam er keine Wohnung. Die Idee, überhaupt bei Arno einzuziehen, wurde ganz einfach aus der Not geboren. Mit seinen anderen Freunden hatte er es sich bereits gründlich verscherzt. Das waren alles nur oberflächliche Bekanntschaften gewesen.

Wallmeier wusste mit seinen zweiunddreißig Jahren bereits sehr gut, wie er bei anderen ankam und wie er dann das Beste rausholen konnte. Wenn er wollte, kam er schon mal nachts betrunken mit zwei neuen Freunden aus der Kneipe, ohne mehr als das erste Bier gezahlt zu haben. Diesen Leuten konnte er aber nie lange auf der Tasche liegen. Nach ein paar Tagen schmissen sie ihn raus. Daran war er gewöhnt.

Umso mehr erstaunte es ihn, als sich Arno, ein früherer Kamerad aus dem Wehrdienst, so verständnisvoll gezeigt hatte. Er fragte viel nach seiner Vergangenheit und wie es denn dazu gekommen sei, dass er so lebe. Schon diese Formulierung stieß Wallmeier damals übel auf: Wie lebte er denn so? Er sah sich als Lebenskünstler. Sein Weg war eben kurvenreicher als der von den Eltern vorausgeplante, öde Pfad, den langweilige Leute wie Arno beschritten. Überhaupt kotzte es ihn an, wie sich der andere anmaßte, über ihn zu urteilen und ihn mit Plänen zur Besserung zu bedrängen. Arno lag ihm in den Ohren, er solle zum Sozialamt, stempeln gehen, oder sogar eine Therapie anfangen.

Länger als zwei Wochen hatte Wallmeier diese ständigen Eingriffe in seine innersten Angelegenheiten nicht ausgehalten. Lieber ohne Wohnung sein, als sich ständig in seinen Kram hineinreden zu lassen, dachte er resümierend. Von dieser Überzeugung war er schon seit dem Zerwürfnis mit seinen Eltern vor vielen Jahren kein Stück abgerückt. Er konnte sich einfach nicht unbegrenzt verbiegen. Irgendwann erfolgte der Bruch.

Hier draußen vor der Wohnungstür nagte zwar der letzte Streit mit Arno noch an ihm, aber die Erleichterung überwog. Wallmeier setzte sich den etwas klein geratenen Hut auf den Kopf, nahm den Koffer mit seinen letzten Habseligkeiten und machte sich auf den Weg nach draußen. Als er unten die Haustür aufstieß, umhüllte ihn augenblicklich frische Aprilluft. Die Sonne wärmte ihm das Gesicht, und er hörte Vögel zwitschern. Gegenüber dem Münchner Wohnhaus, welches er gerade verlassen hatte, befand sich eine Grünanlage, deren Frühjahrsblumen gerade aufzublühen begannen. Für gewöhnlich begegnete er solchen Kleinigkeiten mit Geringschätzung. In seiner derzeitigen Lage war er jedoch deutlich empfänglicher für die Spielarten der Natur.

Ohne einen klaren Entschluss zu fassen, begann er, sich neu zu orientieren, und hielt bewusst seine Sinne offen. Ein lauer Frühlingstag erzeugte in ihm daher gleich eine ganz andere Grundstimmung. Junges Blattgrün und ein kleines Vogelkonzert nahmen für Wallmeier nun den Wert eines Schicksalszeichens an. Er würde neu anfangen. Das Alte hinter sich lassen. Sich selbst neue Chancen suchen. Allein der Gedanke daran, überhaupt noch Chancen zu haben, seien sie auch noch so gering, machte ihn euphorisch.

Der junge Mann grinste jetzt, atmete tief durch und schlenderte in die Grünanlage hinein. Er beschloss, sich eine Sitzbank zu suchen und einen neuen Plan zu machen. Glücklicherweise hatte er vor dem Streit mit Arno bereits gefrühstückt. So belastete ihn jetzt der Hunger nicht, und er konnte eine genüssliche Ruhe zelebrieren. Die Arme breit auf der Lehne einer Holzbank ausgebreitet, versuchte er, im Kopf mögliche Orte für einen Neuanfang durchzugehen. Aus München musste er raus, soviel stand fest. Hier hatte er schon zu viel Ärger mit der Polizei gehabt, und hier kannte er auch schon so ziemlich alles.

»Stuttgart oder Hamburg vielleicht«, murmelte er vor sich hin. »Oder Paris.« Er schüttelt den Kopf. »Zu teuer!«, rief er sich zur Räson. Er wusste nicht einmal, ob er sich ein Zugticket bis dahin würde leisten können. Wo könnte er also mit wenig neu anfangen?

Als er darüber nachdachte, kam ihm ein Gespräch mit einem Kerl in den Sinn, den er vor etwa einem Monat in einem Lokal getroffen hatte. Sie hatten einen gemeinsamen Bekannten und kamen so ins Gespräch.

»Ich war immerzu unterwegs, morgens in den Osten rein, abends wieder raus«, erzählte der andere stolz. »In meinem Kofferraum stapelte sich die heiße Ware: Kassettenrekorder, Feinstrumpfhosen, Ananas in Dosen. Alles, was ich hier auftreiben konnte, habe ich verladen und über die Grenze gebracht. Auch wenn die schon offen war, gab's ja noch den alten Plunder in den Regalen. Die Ossis wollten Westware und haben mir die Sachen förmlich aus den Händen gerissen. Natürlich hatte ich immer die Umtauschkurse im Blick. Waren die gut, bin ich losgefahren.«

»Hattest du keinen Schiss, dass die dich erwischen?«, fragte Wallmeier nach.

»Klar, zu Anfang schon. Aber dann hab ich den Grenzposten, der meinen Pass inspiziert hat, immer höflich angelächelt, und er hat mich durchgewunken. Zur Zeit kann man sich in der Zone echt 'ne goldene Nase verdienen. Zwar braucht man ein bisschen Startkapital, aber dann klappt das. Die Ossis sind ja auch so gastfreundlich. Da bin ich auch mal untergekommen, wenn ich's abends nicht mehr zurück geschafft habe. Außerdem sind die Preise so gering, dass der Münchner Bettler im Osten wie ein König leben kann.«

Wallmeier war nicht so leichtgläubig, die Übertreibung in dieser Aussage nicht zu erkennen. Die Geschichte hatte aber einen wahren Kern, da war er sich sicher. Im Moment waren die Zeitungen voll von Nachrichten über das, was im Osten vor sich ging. Gerade erst hatten sie dort gewählt, und alles sollte anders werden. So wie es da drunter und drüber ging und Gerüchte vom schnellen Vermögen zu ihm durchdrangen, musste es im Osten wirklich etwas zu holen geben. Die Aussicht darauf, auch ohne Beruf über die Runden oder gar an mehr Geld zu kommen, lockte ihn besonders. Er hatte nichts gelernt und es daher sonst überall schwer gehabt, ein Bein auf den Boden zu bekommen. Bis er rausbekommen haben würde, wie man über die Berliner Grenze hinweg Geschäfte macht, konnte Wallmeier sich bestimmt mit ein paar Ossis bekannt machen und kurzfristig unterkommen.

Er fingerte seinen Geldbeutel aus der Jacke und zählte sein verbliebenes Geld. Das müsste gerade reichen, um nach Berlin zu kommen, befand er nickend. Er steckte die Brieftasche wieder ein und stand auf. Mit ungetrübtem Elan machte sich Wallmeier auf den Weg zum Hauptbahnhof. Dort besorgte er sich einen Fahrschein bis Berlin Zoologischer Garten, der im Westteil der Stadt lag, und stellte mit Genugtuung fest, dass er sogar noch etwas Geld übrig hatte. Bis zur geplanten Abfahrt seines Zuges blieben dem Münchner noch fast drei Stunden. Er besorgte sich also eine Schachtel Ernte 23 und eine Tafel Schokolade, lehnte sich an eine Außenwand des Bahnhofs und rauchte.

Während der Wartezeit und auch noch im Zug dachte er über das Ziel seiner Reise nach. Er war bisher weder in Westberlin gewesen noch wusste er viel von der Hauptstadt der DDR, also versuchte er, sich den Rest vorzustellen. Er fragte sich, ob es in Ostberlin wohl arme und reiche Viertel gäbe und ob man an guten Schnaps käme. Etwa auf der Hälfte der Strecke übermannte ihn jedoch eine plötzliche Müdigkeit, so dass er den Rest der Fahrt mit dem Kopf an das rüttelnde Zugfenster gelehnt in unruhigem Schlaf zubrachte. Als er sich endlich dazu aufraffen konnte, die Augen endgültig zu öffnen, hatte der Zug bereits die Berliner Stadtgrenze passiert.

Nach dem Aussteigen rauchte Wallmeier eine Zigarette, bevor er sich zur S-Bahn in Richtung Friedrichstraße aufmachte. Der Bahnhof Zoo dämpfte seine Vorfreude. Alles hier schien ihm dreckig und falsch. Ein Obdachloser wurde von Polizisten aus dem Bahnhof geworfen, und auf dem Weg aus dem Gebäude fielen ihm gleich mehrere Bettler auf, die inmitten ihrer schmuddeligen Habseligkeiten auf dem Boden saßen. Zwar kannte er diesen Anblick auch aus München, aber hier trübte er seine Euphorie. Der junge Mann versuchte, sich damit zu beruhigen, dass er gerade erst aufgewacht war. Außerdem musste er ja auch in eine andere Stadt: rüber in den Osten.

Als er am Bahnhof Friedrichstraße endlich den S-Bahn-Wagen verließ, stand ihm die Erleichterung ins Gesicht geschrieben. Nicht mal seine Tafel Schokolade hatte er in dem dichten Gedränge aus der Tasche holen können. Während der Fahrt hatte Wallmeier seinen Hut verkrampft vor der Brust gehalten, nun setzte er ihn entschlossen wieder auf. Er sah etwas ramponiert aus. Seine wachsende Unsicherheit versuchte er abzuschütteln – schließlich hatte er sich dafür entschieden, völlig neu anzufangen. Da konnte er doch nicht schon vor der Grenze einen Rückzieher machen.

Er brauchte eine Weile, bis er im Umfeld des Bahnhofs eine Wechselstube fand, um sein verbliebenes Geld in Mark der DDR zu tauschen. Beeindruckt hatte ihn die hohe Sichtschutzwand zwischen den Gleisen, die noch immer die Ost-Bahnsteige vom West-Bahnsteig trennte. Durch das Gewirr von Gängen begab er sich auf den Weg zum Grenzübergang. An der Passkontrolle herrschte reger Betrieb. Die Leute standen in beide Richtungen an. Bis auf die Wartezeit gestaltete sich der Weg in die DDR für Wallmeier jedoch problemlos – der Andrang machte den Grenzbeamten genauere Kontrollen sowieso unmöglich.

Hinter der Grenze ging er gleich wieder zur S-Bahn, diesmal zur Ostberliner, um zum Alexanderplatz zu fahren. Farblich und technisch unterschieden sich die Waggons kaum voneinander, sie waren genauso voll und auch die Leute sahen nicht anders aus. Wallmeiers herbeigesehnter Moment der Befreiung stellte sich allerdings nicht ein, dafür wachsende Ernüchterung. Auf der Ostseite sah alles genauso aus wie drüben, fand er. Vom Alexanderplatz erhoffte er sich mehr Ostberlin-Flair. Den Alex kannte er von Fotos und hatte ihn zum eigentlichen Startpunkt seines Neuanfangs auserkoren.

Als er nach der kurzen Fahrt den Bahnhof verließ, setzte er sich den Hut auf den Kopf und steckte sich eine Zigarette an. Der erste tiefe Zug reizte seinen Rachen auf genau die Weise, die er sich erhofft hatte. Als er sich schlendernd auf dem weiten Platz umsah, breitete sich langsam das lang ersehnte Gefühl der Ruhe in ihm aus. Noch konnte er den Fernsehturm nicht sehen; er musste also auf der anderen Seite ausgestiegen sein. Das störte ihn aber nicht weiter, er war zu Genüge damit beschäftigt, den Platz und seine Umgebung auf sich wirken zu lassen.

Dieser Ort wirkte irgendwie pragmatisch auf ihn. Alles machte den Eindruck zweckmäßiger Ordnung, durch die sich scheinbar chaotisch die Menschen hindurch bewegten. Die Ossis, fand Wallmeier, machten den gleichen Eindruck wie die Wessis: Geschäftig und umherwuselnd, aber äußerlich nüchtern und einfach gekleidet. Ganz besonders im Vergleich zum Bahnhof Zoo war der Alex bemerkenswert. Hier schienen in der Umgebung tatsächlich Menschen zu leben, während am Zoo alle wirkten, als seien sie auf der Durchreise oder auf der Flucht.

Als er den Platz vor dem Centrum Warenhaus abgeschritten hatte und den Zigarettenstummel mit dem Absatz seines Schuhs austrat, hatte sich die Sonne schon so weit gesenkt, dass sie die umgebenden Gebäude in rot-violettes Licht tauchte. Für den Münchner war das weniger ein Grund, staunend stehen zu bleiben, als vielmehr das Signal, sich jetzt schleunigst um neue Freunde zu bemühen. Seine erste Berliner

Nacht wollte er nicht draußen verbringen. So lief er durch eine kleine Unterführung an dem Kaufhaus mit der markanten Wabenstruktur vorbei und bog dann auf eine große Straße ein. Weiter ging es immer geradeaus die Karl-Marx-Allee hinunter. Dabei hielt er die Augen nach einer kleinen Kneipe oder etwas ähnlichem offen – er suchte normale Leute, richtige Ossis, keine Hotelgäste oder Geschäftsreisende in den Restaurants der Stadtmitte. Inzwischen waren die Laternen angegangen. In ihrem sattgelben Licht sahen die angrenzenden Gebäude fast majestätisch aus. Die hellen Fassaden der Prunkallee wirkten wie mit Elfenbein verkleidet.

»Sind sie aber mit Sicherheit nicht«, dachte Wallmeier, »gibt's im Osten überhaupt Elfenbein?«

Trotzdem gab diese Gegend allen Grund zu der Vermutung, dass er hier jemanden mit einer Wohnung finden würde, die groß genug für einen weiteren Gast war. Etwa auf Höhe U-Bahnhof Marchlewskistraße machte er im Erdgeschoss eines dieser Elfenbeinhäuser ein Lokal aus, das ihm geeignet schien: Bräunliches Fensterglas und weiße Spitzengardinen vermittelten von außen betrachtet den Eindruck bodenständiger Mittelmäßigkeit. Kurzentschlossen betrat der Münchner die Gaststätte. Noch bevor er den Raum überblickte, erkannte er am Geruch, dass er hier richtig war. Der Duft von dunklen Saucen, Kaffee, Bier, Bratfett und Tausenden über die Jahre gerauchten Zigaretten hatte sich zu einem unverkennbaren Mischmasch-Geruch verdichtet, welcher bis tief in die Wände eingedrungen zu sein schien. Nur ein Wildschweinfell an der Wand fehlte noch.

Das hier war offensichtlich eine Alltags- und Feierabendgaststätte, wie er schon so viele betreten hatte. Daran bestand für Wallmeier kein Zweifel. Umso stutziger machte ihn deshalb die Einrichtung. Auf der einen Seite des Raumes gab es zwar die Tische und Gäste, die er erwartet hatte; auf der anderen aber entdeckte er eine Art Spalier. Auf einem Tresen standen verschiedene Speisen, es gab mehrere Zapfhähne und am Ende eine einzige Kasse. Allem Anschein nach war er in einem Selbstbedienungsrestaurant gelandet.

Der Laden war mäßig mit Gästen gefüllt, die zu zweit oder in Gruppen vor Biergläsern an den Tischen saßen. Ein Blick auf die Uhr gab Wallmeier einen Hinweis darauf, weshalb hier niemand mehr aß: Es war bereits nach acht, und die Gaststätte erfüllte inzwischen den Zweck einer reinen Wohnviertelkneipe.

Dem Münchner lag jetzt ein ahnungsvolles Lächeln auf den Lippen. Er hängte seinen Hut an die Garderobe neben dem Eingang und lief langsam an den Auslagen des Tresens vorbei zur Kasse. Es gab noch Frikadellen, Würste und Blechkuchen. Wallmeier stand der Sinn aber nur nach einem Bier. Er wollte sein verbliebenes Geld lieber in Treibstoff für ein Kennenlerngespräch investieren.

»A Bia, bittschön«, rief er nickend dem Kassierer zu. Der blickte ihn überrascht an. Wallmeiers kräftiger süddeutscher Dialekt stach hervor und war in dieser Eckkneipe bislang sicherlich eher selten gesprochen worden. Der Mann hinter dem Tresen zapfte trotzdem mit ruhiger Hand ein Bier und nahm freundlich die bemerkenswert geringe Bezahlung entgegen.

»Bei den Bierpreisen kann ich mich hier ja glatt noch einen Abend allein finanzieren«, dachte Wallmeier mit sichtbarer Freude.

Entsprechend leichtmütig setze er sich am Fenster an einen freien Tisch neben einer Gruppe älterer Pärchen, die sich lautstark unterhielten. Sie hatten zwei spitzengedeckte Tische zusammengeschoben und saßen sich wie an zugewiesenen Plätzen in drei Paaren gegenüber. Die älteren Damen auf der einen Seite tranken Bier aus kleinen Tulpen, ihre Gatten hatten dazu noch Schnaps vor sich stehen. Der junge Münchner bemerkte, dass den Männern bereits die Röte ins Gesicht gestiegen war. Ihre grauen, mit feuchtem Kamm zu Scheiteln gelegten Haare verließen bereits die strenge Form, in die man sie wohl noch vor dem Kneipenbesuch gebracht haben musste. Auch an der zunehmenden Lautstärke erkannte der Bayer, dass der Abend für seine Tischnachbarn schon fortgeschritten war.

Wallmeier bemühte sich, nicht aufdringlich zu wirken. Er schaute betont interessiert aus dem Fenster oder in sein Glas, während er den Gesprächen zu seiner Seite lauschte. Dort entspann sich gerade eine lebhafte Debatte über den Mangel von Gütern, der nun, da noch mehr Westberliner kämen, um im Osten zu Spottpreisen einzukaufen, deutlich schlimmer ausfalle. Vor allem die Frauen schienen darüber wirklich verärgert zu sein.

Die Männer winkten ab, und einer meinte: »Die Leute interessieren sich doch sowieso alle nur noch für dit bunte Westzeug. Von uns steht doch nüscht mehr in den Regalen.«

»Hauptsache, von drüben«, antwortete sein Sitznachbar. »Wat dit is und ob it morjen schon wieder aus'nanderfällt, is' ejal.«

Der Besucher hielt dieses Gespräch über Wessis und Ossis für die passende Gelegenheit, um Kontakt zu knüpfen. Er nahm also eine Zigarette aus der Schachtel, drehte sich auf seinem Stuhl zur Seite und fragte mit breitem Lächeln in die Runde: »Entschuldigen Sie«, er sprach bewusst Hochdeutsch, »ich bin zwar auch nur aus dem Westen zu Gast, aber hätten Sie vielleicht Feuer für mich? Die habe ich auch drüben gekauft.« Er deutete auf die Zigarette zwischen seinen Fingern.

Es dauerte einige Sekunden, bis die Angesprochenen sich mit verdutztem Blick davon überzeugt hatten, dass die Frage nicht als Provokation, sondern als freundlicher Scherz gemeint war. Sie erwiderten das Lächeln des fremden Mannes, und einer der Herren gab ihm Feuer.

»Na klar. Wir haben ja ooch nüscht gegen Leute ausm Westen.«

»Irgendwie bin ich ja sowieso mehr aus dem Süden, finde ich«, erwiderte Wallmeier nun mit sattem Grinsen und blies durch die Nase Qualm aus.

»Ach, woher sind Sie denn?« Eine der Damen war nun entweder bereits ehrlich interessiert oder aber um Höflichkeit bemüht. »Machen Sie Urlaub hier in Berlin?«

Der junge Mann drehte seinen Stuhl nun vollends in Richtung des Nachbartisches.

»Ich komme aus München. Ich bin gerade erst angekommen, zum ersten Mal hier und kenne mich überhaupt nicht aus. Aber ich wollte unbedingt einmal Berlin sehen. Jetzt, wo die Grenze offen ist, kann

man ja quasi die ganze Stadt angucken. Da hab ich mich einfach mal in den Zug gesetzt.«
Die Zuhörer machten große Augen.
»Da sind Sie einfach so losgefahren? Kennen Sie denn hier überhaupt jemanden?«
»Na ja, ich bin ja noch jung. Ich will Berlin eben selbst entdecken. Eigentlich sind Sie hier die ersten Berliner, mit denen ich mich richtig unterhalte. Da fällt mir ein, ich bin ja unhöflich. Ich bin der Jochen.«
Er erhob sich von seinem Stuhl und reichte zunächst den Damen die Hand, dann auch den Herren. Nachdem sich alle einander vorgestellt hatten, wurde der junge Mann an den Tisch eingeladen. Er setze sich an dessen Stirnseite zwischen eines der Paare und erhob gleich sein Glas, um anzustoßen. Er hielt den Ball bewusst am Rollen und seine neuen Bekanntschaften mit Anekdoten aus München bei guter Laune. Als bei all den Fragen auch die üblichen Erkundigungen nach Beruf und Familie auftauchten, sprach er kurz von einer Tischlerlehre und lenkte dann das Gespräch wieder bestimmend auf Berlin. Er erkundigte sich nach den Sehenswürdigkeiten, der Umgebung und Geschichte.
Als einer der älteren Herren nach kurzem Verschwinden mit einem Tablett voll frischer Biere zurückkehrte, bekam auch der Münchner ein volles Glas hingestellt. Er bedankte sich und lobte ausgiebig die Gastfreundschaft in der DDR. Dabei legte er sich so ins Zeug, dass die anderen bald in überschwellendem Stolz dasaßen. Es gelang ihm, allen den Dorn ins Gewissen zu setzen, diese außergewöhnliche Gastfreundschaft auch immer wieder zu beweisen. Holte

einer eine neue Runde Bier, stand automatisch auch ein Glas für ihn, den Wessi, dabei. In den folgenden Stunden wurde er so fortwährend mit Bier versorgt. Selbst als ihm die Zigaretten ausgingen, konnte er sich aus der Schachtel von Peter Loose, der neben ihm saß, bedienen.

Überhaupt entwickelte Wallmeier zu Herrn Loose und dessen Frau Gudrun den besten Draht. Die beiden waren zwar schon über siebzig, redeten aber gerne und hatten einen ordentlichen Zug, was das Bier betraf. Auch als sich die anderen beiden Paare bereits verabschiedet hatten, unterhielten sich die drei noch angeregt, aber mit hörbar erlahmter Zunge weiter.

Erst als der Kneiper die letzte Runde ankündigte, fiel ihnen auf, wie spät es geworden war. Wallmeier erkundigte sich verhalten nach dem nächstbesten Hotel, doch Loose bestand darauf, dass er bei ihnen übernachtete. Sie hätten es nicht weit, und wenn es dem Besucher nichts ausmache, auf der Couch zu schlafen, könnten sie so den netten Abend noch in ihrer Wohnung fortsetzen. Auch Frau Loose lud ihn nun herzlich ein. Obwohl er sich zunächst in einigen ausweichenden Floskeln erging, willigte Wallmeier bald dankbar in das Angebot ein. Die kalte Berechnung in seinem Vorgehen war inzwischen zu einem großen Teil echter Zuneigung gewichen. In dem Moment, da sie ihm die Übernachtung anboten, wurde ihm klar, welch großes Glück er hatte, dass alles so reibungslos verlief.

Nachdem er die Eingangstür hinter den drei bereits stark schwankenden Besuchern abgeschlossen hatte, sah der Wirt dem ungewöhnlichen Gespann noch durch das Fenster hinterher. Frau und Herr Loose gehörten seit Jahren zu den Stammgästen. Einerseits freute er sich über deren neue, viel jüngere Bekanntschaft aus dem Westen, andererseits wunderte er sich darüber.

In den folgenden Tagen erschienen die drei immer gemeinsam im Selbstbedienungslokal und unterhielten sich lautstark und gut gelaunt. Auch wenn er an der Kasse in einiger Distanz zu ihrem Tisch arbeitete, konnte der Kneiper so den Großteil ihrer Gespräche mitverfolgen – ob er das nun wollte oder nicht. Der große Altersunterschied, die verschiedene Herkunft und die entsprechend völlig unterschiedlichen Erfahrungen lieferten allem Anschein nach unbegrenzten Gesprächsstoff. Immer verließen die drei das Lokal erst, wenn sie betrunken waren und der Wirt zusperren musste.

Am vierten Abend allerdings brach zwischen Loose und Wallmeier ein Streit aus.

»Du bist een elender Schmarotzer!«, empörte sich der Alte mit vom Schnaps gelöster Zunge. »Lässt dich von uns aushalten und durchfüttern. Ick hab noch nich eenmal erlebt, dass du wat selbst bezahlst, jeschweige denn uns einlädst. Immer warteste drauf, dass eener von uns den Jeldbeutel zückt!«

Der Münchner polterte zurück: »Bisher war ich euer Gast! Schöne Gastfreundschaft ist das. Pah!«

»Das ist ja ungeheuerlich. Das hätte ich nie von dir gedacht, Jochen«, rief die sonst eher schüchterne Frau Loose dazwischen.

»Nun macht mal halblang! Schließlich habe ich mich nicht aufgedrängt. Dann sucht euch doch 'nen anderen Unterhalter. Ich reise ab.«

Zum Erstaunen des Wirtes verließen die drei trotz allem gemeinsam das Lokal.

Der Kneiper dachte nicht weiter darüber nach. Im Laufe seines Berufslebens hatte er gelernt, alle denkbaren Streitigkeiten mit Gelassenheit zu nehmen. Keiner konnte vorhersehen, wann der Alkohol Freundschaften zerstörte oder aber überraschend alte Feinde miteinander versöhnte. Da diese Gaststätte auch Kiezkneipe war, konzentrierte sich in seinem Lokal eben auch das ganze soziale Leben mancher Besucher. Über die Jahre verschwamm für viele Stammgäste die Grenze zwischen Zuhause und Kneipe, der private Lebensbereich schwappte förmlich über den Gastraum. Sie begannen, sich zu benehmen, als säßen sie bei Familie oder Freunden. Dagegen hatte der Wirt nichts einzuwenden, solange sonst niemand belästigt wurde. In den Fällen, in denen dieses heimeliche Beisammensein auch ausgelassenes Trinken mit einschloss, nahm das manchmal eben Überhand. Der Wirt griff aber möglichst selten ein und war grundsätzlich darum bemüht, diskret mit den intimen Informationen umzugehen, die er hier aufschnappte. Er nahm manchmal wirklich Anteil an den Lebenswendungen und Kümmernissen mancher Gäste.

Auch im Fall von Herrn und Frau Loose fing er an, sich Sorgen zu machen, als sie plötzlich und entgegen ihrer jahrelangen Routine das Lokal nicht mehr besuchten. Als nach drei weiteren Tagen gegen Mittag der Abschnittsbevollmächtigte der Polizei nach dem Rechten sah, teilte er ihm seine Bedenken mit. Der ABV kam regelmäßig und mehrmals im Monat kurz vorbei und erkundigte sich nach aktuellen Problemen. Aus Sicht des Wirtes war das etwa so wie der Besuch des Sheriffs im örtlichen Saloon. Der ABV verschaffte sich einen Überblick über die Situation in seinem Abschnitt und war gleichzeitig für die Bürger der direkte persönliche Kontakt zum Gesetz. Das Klinkenputzen und Händeschütteln gehörte daher genauso zu seinem Beruf wie Gesetzeskenntnis und Berichteschreiben.

Der zuständige Abschnittsbevollmächtigte dieses Teils von Berlin-Friedrichshain, Henschel, war angesehen und hatte einen guten Draht zu vielen Anwohnern. Er war aufmerksam und machte im Gespräch weniger den Eindruck, die Leute zu kontrollieren als sich wirklich für die Probleme der Anwohner zu interessieren. Gerade bei Nachbarschafts- und Beziehungsstreitigkeiten, bei Besuchern, die zuweilen nicht in den Hausbüchern auftauchten, erhielt er so mehr und aussagekräftigere Antworten, als hätte er nur Dienst nach Vorschrift getan. Auch der Wirt kannte Henschel schon länger und hatte keine Zweifel, das Richtige zu tun, als er dem Polizisten vom Fernbleiben der vormaligen Dauergäste berichtete. Dieser notierte sich die Namen und versprach, sich der Sache anzunehmen. Der Kneiper atmete durch. Endlich belastete ihn sein Verantwortungsgefühl nicht mehr. Freundlich schüttelte er dem ABV die Hand zum Abschied, bevor der das Lokal wieder verließ.

Für die Polizei war das Fortbleiben von Anwohnern aus der örtlichen Kneipe natürlich kein Grund, das Blaulicht anzuwerfen. In diesem Fall allerdings entschloss sich Henschel dennoch, schnell zu handeln, denn der Kneiper hatte mehrfach betont, wie ungewöhnlich das Fehlen der beiden Gäste war. Das Ehepaar war alt. Ein schwerer Haushaltsunfall in hohem Alter, der vielleicht schnelle medizinische Hilfe nötig machte, war durchaus vorstellbar; auch ein Gasunfall mit größerem Gefahrenpotenzial.

Zügig fuhr der Polizist also zur Inspektion, brachte die Anschrift der Eheleute in Erfahrung und fuhr zu ihrer Wohnung in der Karl-Marx-Allee. Diese lag gegenüber dem Kino Kosmos zwischen den U-Bahnhöfen Frankfurter Tor und Marchlewskistraße im Hochparterre eines eigenwilligen Mehrfamilienhauses. Die Selbstbedienungsgaststätte war noch in Sichtweite. Der Zugang zur Wohnung erfolgte hier über eine durchgängige Balkonzeile, die man an mehreren Stellen über Türen von außen betreten konnte. Während man die ganze Breite des Hauses über den Balkon abschreiten konnte, lief man an allen Eingangstüren vorbei.

Die Wohnung des alten Ehepaares befand sich ganz außen links. Dort angekommen, schaute sich Henschel zunächst um. An der Tür waren keine Einbruchsspuren zu erkennen. Links daneben befand sich ein kleines Fenster mit vorgezogenen, dünnen Spitzengardinen. Von außen fand er nichts Ungewöhnliches. Der ABV rückte seine Uniform zurecht und klopfte deutlich an die Tür. Die Klingel ließ er zunächst unangetastet – der Gedanke an eine Gasexplosion war ihm zu präsent. Da er keine Reaktion vernahm, wiederholte er das Klopfen, diesmal lauter. Wieder nichts. Mit angestrengt zusammengekniffenen Augen spähte Henschel nun durch das kleine Fenster. Sobald er so nah an der Scheibe war, dass er sie beinahe mit der Nase berührte, und dabei das Gesicht seitlich mit den Händen vom Außenlicht abschirmte, gelang es ihm tatsächlich, schemenhaft etwas zu erkennen. Die Gardine war dünn genug, um die Sicht nicht völlig zu versperren. Irgendetwas lag da auf dem Boden. Keine Person; vielleicht eine Kiste, vermutete der Polizist. Außerdem hingen die Jacken noch an der Garderobe. Wahrscheinlich waren die Bewohner also nicht verreist. Er trat vom Fenster zurück und entschloss sich, die Nachbarn zu befragen. Am frühen Nachmittag eines Wochentages traf er in der Nebenwohnung allerdings niemanden an.

Nach kurzer Überlegung entschloss sich Henschel schließlich, mit der Kriminalpolizei Rücksprache zu halten. Diese ließ den Schlüsseldienst rufen und die Wohnungstür öffnen. Als die Wohnung endlich aufgesperrt war, vergewisserte sich der ABV vorsichtig schnüffelnd, dass kein Gasgeruch in der Luft lag, und betrat dann den Flur. Der Gegenstand, den er durch das Fenster auf dem Boden liegend erkannt hatte, stellte sich als lederner Koffer heraus, der geöffnet und leer neben der Wandgarderobe lag.

»Hallo, hier ist die Polizei. Ist jemand zu Hause?«, rief Henschel in die Wohnung hinein. Dabei handelte es sich lediglich um eine Formalie. Er erwartete nicht, hier jemanden anzutreffen. Dafür war es viel zu still. Langsam ging er weiter in die Wohnung hinein. Der erste der vier vom kurzen Flur abgehenden Räume war das Wohnzimmer. Sofort stieß ihm hier die Unordnung ins Auge. Aus einem Regal an der Wand waren Bücher entnommen worden, die nun auf dem Boden verteilt lagen. Die Schrankwand stand offen, und auf der Couch lagen zusammengeknüllte Kissen und eine Decke. Auf dem Wohnzimmertisch standen leere und angebrochen Schnapsflaschen. Er lief weiter.

Im Nebenraum befand sich das Schlafzimmer. Mit Bestürzung erkannte der Polizist dort im Ehebett zwei regungslose Körper. Er rannte hinüber und überprüfte hastig bei beiden den Puls. Sie waren tot. Die beiden alten Leute lagen mit verzerrten Gesichtern in den zerwühlten Betten. Wäre nur eine Person betroffen gewesen, hätte Henschel noch über einen natürlichen Tod nachgedacht, hier aber war er sich sicher, dass ein Verbrechen stattgefunden hatte. Mit versteinerter Miene verließ er das Schlafzimmer und ging nach draußen, um frische Luft zu atmen. Minutenlang stand er mit in den Hüften abgestützten Händen da und schüttelte den Kopf. Irgendwann aber sperrte der Abschnittsbevollmächtigte von außen die Wohnung wieder zu und machte sich auf, um die Kriminalpolizei zu informieren.

Sobald die Gerichtsmedizin anhand der Würgemale an den Hälsen der Leichen einen gewaltsamen Tod bestätigt hatte, landete die Fallakte auf dem Schreibtisch des Leiters des Dezernats »Leben und Gesundheit«. Erst zwei Wochen zuvor hatte der neue Innenminister der DDR veranlasst, die Struktur der Ostberliner Polizei jener der BRD anzupassen. Als im Zuge dessen Anfang April 1990 das Bundeskriminalamt Berlin neu gegründet wurde, erhielt Oberstleutnant Gerhardt diesen Posten und arbeitete sich ein. Er stand nun zwei Morduntersuchungskommissionen, der Arbeitsgruppe »Unnatürliche Todesfälle« (UT) sowie der Branduntersuchungskommission (BUK) vor und hatte es daher seit Neuestem fast nur noch mit Todesfällen zu tun. Die Umstellung bedeutete zwar Aufwand für die Ostberliner Kriminalisten, aber andererseits war bereits abzusehen, dass strukturelle Veränderungen in der Polizei unvermeidlich sein würden.

Seit die Grenzen im vorigen Jahr geöffnet worden waren, erlebte Berlin ein Aufblühen der Kriminalität, das die Sicherheitsorgane klar überforderte. Jeden Tag tauschten die Kriminalisten beider Stadtteile an Grenzübergängen die Ladendiebe des jeweils anderen Staates aus. Die Kleinkriminalität nahm auf beiden Seiten überhand. Aber auch der Kunstdiebstahl erreichte Ausmaße, die von den Kriminalisten nur mit Fassungslosigkeit festgestellt werden konnten. Die Museen und Galerien der Hauptstadt der DDR waren durch keine besonderen Sicherheitseinrichtungen auf den Ansturm von Plünderern vorbereitet, die nur einige Minuten brauchten, um nach der Tat hinter der Grenze zu verschwinden. Es wurde mit der Zeit immer deutlicher, wie die Öffnung gegenüber dem Westen den Tauschwert der Kunstschätze Ostberlins in den Vordergrund drängte. Für Gerhardt fühlte es sich an, als würde Ostberlin damit eines Teils seiner Zivilisiertheit beraubt. Bis zur Grenzöffnung hatte man in der DDR nur vier Anzeigen wegen Kunstdiebstahls gezählt. Bis zum 31. Dezember 1989 waren es rund achthundert.

Meist standen die Polizisten solchen Fällen machtlos gegenüber. Wer es über die Grenze schaffte, blieb straffrei. Auch wenn Gerhardt selbst die Maueröffnung im letzten Jahr hoffnungsvoll betrachtet hatte, beschlich ihn bald darauf die Ahnung, dass man sich damit mehr als Reisefreiheit eingekauft hatte. Das Chaos der ersten Nächte an den Grenzübergängen und das völlige Fehlen eines Plans, um die Sicherheitsorgane auf die neue Situation vorzubereiten, erzeugten für diese einen kaum nachlassenden Druck. Das hatte für Gerhardt schon vor der Maueröffnung begonnen, seit er als Untersuchungsleiter in Berlin-Mitte ständig mit den Protesten vor den Kirchen konfrontiert gewesen war. Es war beinahe, als würden sie überrollt. Nur wovon, das konnte Gerhardt noch nicht genau sagen.

Im Gegensatz zu den chaotischen Rahmenbedingungen seiner Arbeit waren die ersten Schritte in einem Mordfall für ihn jedoch von geradezu erleichternder Klarheit. Nachdem er den Bericht des ABV kurz gelesen hatte, griff er zum Telefon und beorderte die Kriminaltechnik zur Wohnung in der Karl-Marx-Allee. Diese brauchte nicht lange, um festzustellen, dass die beiden alten Leute in ihrem Ehebett erwürgt worden waren. Danach schien die Wohnung in Eile durchwühlt worden zu sein. Allerdings fehlte wenig. Es sah sogar so aus, als habe der Täter mehr dagelassen als gestohlen. Die Wohnung war voller Fingerabdrücke einer dritten Person. Der Täter hatte sich keine Mühe gegeben, sie zu verwischen und damit die Arbeit der Kriminalisten zu erschweren. Haare und Hautschuppen fanden sich auf einem Kissen auf der Couch. Seine Jacke hing noch an der Garderobe. Die Anzeichen von Überstürzung ließen Gerhardt eine Affekttat vermuten, auch wenn es definitiv noch zu früh war, um sich festzulegen.

Der Dezernatsleiter gab die Akte an die Morduntersuchungskommission weiter. Dort wurde der Suche nach dem in Henschels Bericht erwähnten Bayern höchste Priorität eingeräumt. Dementsprechend schnell gelang es auch, dessen Eckdaten zu ermitteln. Der Münchner war bereits vor Tagen über den Grenzübergang Friedrichstraße ausgereist. Damit waren die Befürchtungen der Kriminalisten eingetreten. Der Verdächtige war hinter der Grenze verschwunden und sie gezwungen, das einfach hinzunehmen. Die MUK befragte den Wirt des Stammlokals der Opfer sowie deren Nachbarn und Bekannte, um weitere Verdächtige zu ermitteln. Es gab allerdings keine Hinweise. Ihre einzige heiße Spur verlor sich irgendwo im Westen. Das machte alle wütend. Ganz besonders Oberstleutnant Gerhardt nahm den Bericht der MUK zornig auf. Nach knapper Lektüre knallte er die Akte auf seinen Schreibtisch. Dabei stieß er einen anderen Unterlagenstapel um.

»Scheißdreck«, donnerte er unverhohlen, so dass man sich im Flur in Richtung seines Büros umsah. Der stürzende Aktenhaufen öffnete bei Gerhardt lediglich ein Ventil, aus dem sich sein angestauter Frust entlud. Angesichts eines Mordes zur Untätigkeit verdammt zu sein, war für ihn nur schwer zu ertragen. Ganz besonders vor dem Hintergrund seiner Befürchtung, er würde dies in Zukunft vielleicht öfter erleben, lief ihm die Galle über.

Gerhardt schob die Akten wieder zusammen, holte sich einen Kaffee und schaute in seinem Büro aus dem Fenster, wie er es immer tat, wenn er sich Zeit zum Nachdenken nahm. Der erste Schluck Kaffee war zu heiß, doch er schluckte seinen Ärger zusammen mit dem Getränk hinunter. Er begann, sich zu konzentrieren. Eigentlich war klar, dass die Kriminalisten nicht auf normalem Wege im Westen ermitteln konnten. An der Grenze war Schluss. In den letzten Monaten aber hatten sich Beamte aus Ost und West auch zu privaten Treffen in der Stadt des jeweils anderen verabredet, um über Dienstliches zu beraten. So hatte auch Gerhardt selbst nicht nur mit seiner Familie einen Spaziergang über den Kudamm unternommen, sondern war außerdem quasi privat, aber dennoch wegen seines Berufes in Westberlin gewesen.

Gerhardt erinnerte sich auch noch gut daran, wie sie einmal, als sie sich mit den neuen Kollegen im Osten trafen, eine Wette abschlossen. Die Genossen behaupteten, dass die Herren aus dem Westen mit dem Trabbi keine fünfhundert Meter weit kämen. Als die dann tatsächlich verzweifelt aufgaben, weil sie nicht wussten, dass sie vor dem Start erst den »Schock« ziehen mussten, war Gerhardt gut amüsiert. Selbst jetzt schmunzelte er noch bei dem Gedanken daran. Einen Polo fahren konnte schließlich jeder.

Zwischen ein paar der Genossen in seinem Dezernat und den Kollegen im Westen hatten sich sogar Freundschaften entwickelt, die später bis zu gemeinsamen Ferienreisen mit der Familie reichten. Dieser gute Draht über die Grenze bestand seit Anfang des Jahres, als abzusehen war, dass sich die Zusammenarbeit der Behörden beider Stadtteile weiter intensivieren würde. Nichtsdestotrotz blieben sie im Dienst Angehörige von Organen verschiedener Staaten. Ein offizieller Austausch von Verdächtigen und Beweisen konnte nicht stattfinden. Allerdings hatten die Westberliner Polizisten vor Kurzem einen Vorstoß gewagt, der Gerhardt für den aktuellen Fall Hoffnung machte.

Eine Woche zuvor hatte Gerhardt gerade beim Versuch, ein Detail auf einem Tatortfoto zu erkennen, über eine Fallakte gebeugt an seinem Schreibtisch gesessen, als drei Männer sein Büro betraten. Er bemerkte sie erst spät, als sich einer räusperte. Verdutzt blickte er auf und sah sich drei Herren in Jeans und Freizeitjacken gegenüber, die in ihm kurz den Gedanken aufflammen ließen, man wolle ihn überfallen. Dabei waren es Männer irgendwo in den Vierzigern oder älter, mit akkuratem Haarschnitt und ohne jegliches bedrohliches Gebaren.

»Guten Morgen, Oberstleutnant Gerhardt. Mehler mein Name, vom Staatsschutz Berlin West«, stellte sich der Herr in der Mitte knapp, aber in freundlichem Tonfall vor. Nur unter großer Anstrengung gelang es Gerhardt, seine Verblüffung nicht offen zu zeigen. Er war sich nicht sicher, ob er gerade Opfer eines frechen Scherzes wurde. Diese drei Herren, die aus seiner Sicht in für Kriminalisten unangemessener Weise in Freizeitkleidung dastanden, waren ihm suspekt.

»Guten Tag, die Herren. Wären Sie bitte so freundlich, sich auszuweisen?«

Der Mittlere holte einen Ausweis aus der Jackentasche und reichte ihn Gerhardt mit einem Nicken. Er sagte offensichtlich die Wahrheit. Dem Oberstleutnant blieb keine Zeit, lange zu überlegen. Er bat die drei an den Konferenztisch und setzte sich als Letzter an dessen Kopfseite.

»Wie kann ich Ihnen helfen? Sie sind sich sicher im Klaren darüber, dass mir Ihr Besuch etwas ungewöhnlich erscheint.«

Mehler richtete sich in seinem Stuhl auf und faltete die Hände auf dem Tisch zusammen.

»Natürlich kann ich das verstehen. Wie gesagt, wir sind vom Berliner Staatsschutz. Ich bitte um Entschuldigung, wir wären nicht unangekündigt erschienen, würde es unser Anliegen nicht erfordern. Meine Kollegen und ich sind hier, weil wir wissen, dass Sie jetzt als Dezernatsleiter ›Leben und Gesundheit‹ etwas in ihrem Panzerschrank haben, das wir dringend für die Aufklärung eines Verbrechens benötigen: die Akte ›La Belle‹.«

Gerhardt entglitten die Gesichtszüge. Er blickte sein Gegenüber fassungslos an. Er selbst kannte den Inhalt des Panzerschranks erst seit einigen Tagen. Als er seinen neuen Posten übernommen hatte, hatte er natürlich auch im Tresor nachgeschaut. Dort lagen drei Dinge, die sein Vorgänger offensichtlich einer besonders sicheren Verwahrung für würdig empfunden hatte: Eine Plastiktüte voll verschiedenstem Sexspielzeug; die Unterlagen zu den Ermittlungen gegen den grausamen Kindermörder, der als »Kremsermörder« in die Kriminalgeschichte Berlins einging; und eben die Akte »La Belle«, genauer, ein ganzer Karton mit Fallakten. Nur Gerhardt selbst und seine Vorgänger hätten davon Kenntnis haben sollen. Das Sexspielzeug gehörte dem ehemaligen Fahrer eines hohen Politbüromitglieds, der in einen inzwischen aufgeklärten Todesfall verwickelt gewesen war. Der »Kremsermörder« saß hinter Gittern. Die Ermittlungsakten zum Fall »La Belle« allerdings enthielten noch immer brisantes Material.

Nachdem im April 1986 die häufig von stationierten US-Soldaten besuchte Westberliner Discothek »La Belle« Ort eines Bombenattentats gewesen war, sammelten auch die Ostberliner Behörden Informationen, darunter Hinweise zu Verwicklungen mit den Botschaften anderer Staaten. Dass nun der Staatsschutz aus dem Westen bei ihm auftauchte und danach fragte, war eigentlich ungeheuerlich. Gerhardt war klar, dass eine Zusammenarbeit bald unvermeidlich sein würde, aber auf solch ein Vorauskommando war er nicht gefasst. Eindeutig in dienstlicher Absicht, aber ohne das an der Grenze kenntlich zu machen, waren diese drei Herren in die DDR gereist. Mit einigem Wohlwollen, das sich noch aus den persönlichen Beziehungen zu anderen Kriminalisten aus dem Westen speiste, sah er die Besucher als Kollegen. Doch er wusste, dass es sich im Moment um Agenten handelte, die tieferen Einblick in die Interna besaßen, als es sich Gerhardt hätte träumen lassen. Das Attentat auf die Discothek war zweifelsohne verabscheuenswürdig. Persönlich hätte er nicht das Geringste dagegen einzuwenden gehabt, würden die Täter endlich zur Verantwortung gezogen. Nun allerdings stand er unter dem Druck, sich schnell zur Anfrage der Staatsschutzbeamten zu verhalten.

Er rückte sein Jackett zurecht und ordnete seinen Gesichtsausdruck zu dem freundlichen Ernst, den er auch sonst an den Tag legte.

»Da überfallen Sie mich aber. Ich kann Ihnen selbstverständlich keine Akten mitgeben. Ich hoffe, Sie haben sich dahingehend keine Hoffnungen gemacht. Das tut mir leid, aber es ist absolut ausgeschlossen.«

Mehler nickte verständnisvoll.

»Natürlich, das ist ja ganz klar. Wir wollen hier auch gar nichts mitnehmen. Allerdings machen wir uns doch große Hoffnungen, durch die Einsicht in Ihre Unterlagen entscheidende Hinweise zu erhalten, die zur Aufklärung des Falls beitragen könnten.«

Gerhardt seufzte gequält und hielt sich die Stirn. Zögerlich, so als würde er laut denken, machte er schließlich einen Vorschlag: »Das war natürlich eine schlimme Sache, diese ›La Belle‹-Geschichte. Es wäre schon möglich, dass, wenn Ihre beiden Kollegen in zwei Tagen mittags noch einmal hier vorbeischauten, statt meiner eine Kanne Kaffee und ein Aktenkarton auf sie wartet. Ich würde dann für zwei Stunden sicherlich etwas anderes zu tun haben. Was halten Sie davon?«

Erneut begleitete Mehler seine Antwort mit einem bedächtigen Nicken: »Das würde uns wirklich sehr entgegenkommen. Ich kann Ihnen nur danken. Mittags in zwei Tagen, sagten Sie?«

»Genau, kommen Sie um zwölf vorbei. Um vierzehn Uhr werde ich die Akten aber wieder einschließen müssen.«

Ein kräftiger Händedruck besiegelte die Abmachung. Dabei schauten sich Gerhardt und Mehler lange direkt in die Augen. Der Dezernatsleiter erhoffte sich davon eine unausgesprochene Vereinbarung von Vertrauen und gegenseitiger Rückendeckung. Im

Nachhinein aber konnte er darüber nur den Kopf schütteln. Das war ja nicht einmal der Spatz in der Hand. Wer konnte schon wissen, was der Andere in seinem Blick gelesen hatte. Er hätte etwas sagen sollen, rügte sich Gerhardt. Er hatte sich irgendwie überrumpeln lassen. Noch vor einem Jahr wäre seine Reaktion klar anders ausgefallen: Er hätte einfach seinen Vorgesetzten in Kenntnis gesetzt und nicht selbst entscheiden müssen.

Inzwischen war so vieles aus den Fugen geraten. Er hatte in den letzten Monaten die Ermittlungen zu den Krawallen während der Feierlichkeiten zum 40. Jahrestag der DDR in Berlin durchführen müssen. Genossen der Volkspolizei gerieten ins Zentrum dieser Nachforschungen, und selbst gegen die vormaligen Politbüromitglieder wurden verschiedene Verfahren eingeleitet. Auch an diesen arbeitete Gerhardt mit. Seit der Maueröffnung zeigte sich überall Verunsicherung. Manche Kriminalisten wollten nicht gegen die eigenen Genossen ermitteln, und viele andere, die sich noch vor Kurzem besonders stramm für den Sozialismus eingesetzt hatten, wendeten nun die Hälse in die andere Richtung. Es kam vor, dass Gerhardt Genossen streng an ihren Eid erinnern musste. Er konnte anfangs kaum fassen, wie viele private Bekannte, Parteigenossen oder Polizisten in völligen Opportunismus verfielen. Der Karriere zuliebe den Arsch ins Trockene zu bringen und allen Überzeugungen der Vergangenheit abzuschwören, das hatte in seinen Augen etwas Charakterloses. Keiner wusste so recht, wie es mit der DDR und ihren Schutzorganen weitergehen sollte. Auch Gerhardt fehlte seit der Zerrüttung der SED die Orientierung. Er hatte sich unter diesen Bedingungen darauf versteift, sich anstelle der Politik um die überbordende Kriminalität in Berlin zu kümmern und damit seiner größten Sorge so gut es eben ging entgegenzuwirken: die DDR als rechtsfreiem Raum.

Dass er nun vom Westberliner Staatsschutz überrumpelt wurde, fügte sich nur zu gut in seine aktuelle Grundstimmung ein. Es blieb einfach nie auch nur ansatzweise genug Zeit, um wirklich nachzudenken. Die Ostberliner Kriminalisten mussten immerzu reagieren, ohne zwischendurch Luft holen zu können. Der Vorstoß des Staatsschutzes machte ihm noch deutlicher, dass der Westen sie nur vor sich her trieb. Er hatte bei Mehler kein schlechtes Gefühl, aber sein Vertrauen in einen tiefen Blick war idealistischer Humbug, das wusste er selber. Andererseits war man als Kriminalist oft genug darauf angewiesen, sich auf die eigene Menschenkenntnis zu verlassen, bis belastbarere Gründe vorlagen. Gerhardt hatte als Schutzpolizist angefangen und dabei einen großen Teil seines Dienstes auf genau diese Menschenkenntnis gestützt verrichtet. Damals betrafen seine Entscheidungen aber auch noch nicht die Entwicklung der Beziehungen zwischen verschiedenen Staaten.

Trotz aller Zweifel ruderte Gerhardt nicht mehr zurück.

Zwei Tage später nahmen die beiden Westberliner Staatsschützer tatsächlich Akteneinsicht und bedankten sich erneut. Gerhardt war erleichtert, als er die Akte »La Belle« wieder in den Panzerschrank einschließen konnte.

Dass es so bald darauf Gelegenheit geben würde, die Westberliner Polizisten tatsächlich um Revanche zu bitten, hatte er nicht geahnt. Angesichts des über die Grenze geflohenen mutmaßlichen Mörders war er nun allerdings froh, das Risiko eingegangen zu sein. So war eine Brücke errichtet worden, über welche sich die aktuellen Ermittlungen eventuell doch noch fortsetzen ließen.

Sobald sich sein Entschluss gefestigt hatte, wandte Oberstleutnant Gerhardt sich vom Fenster ab, stellte die leere Kaffeetasse auf den Tisch und griff zum Telefonhörer. Kurz darauf standen zwei Genossen in seinem Dienstzimmer.

»Fahrt doch bitte mal in Zivil zur Polizeidirektion in Westberlin und bittet dort um Unterstützung bei der Auffindung des gesuchten Mannes.« Er schob ihnen die Akte über den Tisch. »Hier, die Unterlagen mit allen Fakten und Spuren des Verdächtigen nehmt ihr gleich mit. Er stammt aus Bayern, das wissen wir schon.«

Die beiden Kriminalisten schauten ihn an, als sei er wahnsinnig geworden.

»Keine Sorge, Genossen. Ich übernehme dafür guten Gewissens die volle Verantwortung«, versicherte Gerhardt und räusperte sich. »Aber ich möchte euch dringend ans Herz legen, diesen Westbesuch nicht an die große Glocke zu hängen. Das wäre wenig hilfreich.«

»Alles klar, Chef«, beteuerten sie beflissen und verließen das Büro.

Als die beiden Männer noch am selben Tag zum Dezernatsleiter zurückkehrten, berichteten sie erstaunt, dass die Kollegen im Westen ohne Weiteres ihre Hilfe zugesagt hätten. Die Kopien der Spuren hatten sie gleich dort gelassen. Sie stellten keine weiteren Fragen, aber Gerhardt sah beiden an, dass sie zu gerne die ganze Geschichte hinter dieser Kooperation gehört hätten. Schließlich wäre sie vor Kurzem noch völlig undenkbar gewesen.

Bereits zwei Tage darauf erhielt Gerhardt einen Anruf von der Westberliner Morduntersuchungskommission. Durch die Eingabe der Fingerabdrücke des Gesuchten in deren System konnten Name, Vorstrafen und sogar aktueller Aufenthaltsort festgestellt werden. Er war in den Jahren zuvor durch zahlreiche Diebstähle und Kleinstvergehen aufgefallen; nichts Großes also. Viel interessanter war dagegen, dass der mutmaßliche Mörder bereits hinter Gittern saß! Den Angaben der West-MUK zufolge war der Gesuchte gleich einen Tag nach dem Berliner Mord in München wegen wiederholten Diebstahls in den Bau gegangen.

Gerhardt brauchte eine Sekunde, um seine Verblüffung abzuschütteln. Er erkundigte sich, wie nun weiter verfahren werden könne, und ahnte bereits, dass der Verdächtige nicht zufällig so schnell in Polizeigewahrsam geraten war. Sich dadurch der Strafverfolgung zu entziehen, indem man sich wegen eines anderen Vergehens einbuchten lässt, klingt zunächst absurd. In diesem Fall zeigte sich der Bayer aber recht clever. Er beabsichtigte, eine Verurteilung wegen Doppelmordes im Osten gegen eine Haftstrafe wegen wiederholten Diebstahls im Westen einzutauschen. Wahrscheinlich wähnte er sich im Münchner Gefängnis für Gerhardt und seine Kollegen unerreichbar.

Angesichts dieser Dreistigkeit nahm Gerhardt den Vorschlag der Westberliner Kriminalisten, eine Vernehmung in München zu organisieren, mit Begeisterung auf. Man vereinbarte also, für zwei Vernehmer aus Gerhardts Direktion sogenannte Schlüsselscheine auszustellen, die ihnen den Zugang zum Gefangenen in der Strafvollzugsanstalt ermöglicht. In Begleitung von zwei Westberliner Kollegen sollten sie von Tegel aus nach München fliegen und im Beisein der Westberliner eine Vernehmung durchführen.

Im Anschluss an dieses kooperative Telefonat klopfte Gerhardt dreimal mit den Fingerknöcheln auf seinen Schreibtisch. Es sah ganz so aus, als hätte sich ein Stück seiner Hilflosigkeit gegenüber dem Grenzchaos gerade aufgelöst. Das hellte seine Stimmung deutlich auf.

Mit noch mehr Begeisterung nahmen die beiden Vernehmer der Morduntersuchungskommission, die für den Flug nach München ausgewählt worden waren, die Neuigkeiten auf.

»Nach München? In Bayern?«, fragte Schulz, der Ältere der beiden. In seiner Stimme schwang auch eine Portion Skepsis mit.

Gerhardt musste schmunzeln.

»Ganz recht, die Herren. Das hätte ich auch nicht für möglich gehalten. Umso wichtiger ist es, dass wir diese Chance jetzt auch effektiv nutzen. Zwei Kollegen von drüben begleiten euch. Von denen bekommt ihr auch die Schlüsselscheine, mit denen ihr in die JVA kommt. Passt mir aber auf, dass sie euch nicht dabehalten. Und vergesst nicht, das ist natürlich auch eine Gelegenheit, um den Kollegen drüben zu zeigen, dass wir hier etwas von unserer Arbeit verstehen.«

»Natürlich. Wir sollen also mit einem Geständnis zurückkommen. Aber mal angenommen«, hakte der jüngere Vernehmer nach, »das klappt wirklich: Wie geht es dann weiter? Die werden uns den Kerl ja wohl nicht gleich mitschicken, oder?«

Gerhardt zuckte mit den Schultern. »Das sicherlich nicht. Die entscheiden bestimmt auch erst, wenn klar ist, dass wir den richtigen Mann im Auge haben. Besorgt ihr uns ein Geständnis, und dann sehen wir weiter. Die Vernehmungsvorbereitung und weitere Details könnt ihr in der Morduntersuchungskommission klären.«

»Alles klar«, sagte Schulz. »Wir besprechen dann den Rest in der MUK und melden uns, wenn wir zurück in der Heimat sind.«

»Na, dann wünsche ich gute Reise«, verabschiedete sich der Dezernatsleiter. Doch noch bevor die beiden Männer sein Büro verlassen hatten, setzte er nach: »Und Schulz, bitte haltet den Ball flach. Bis die Sache abgeschlossen ist, geht eure Reise niemanden etwas an.«

Der Ältere drehte sich noch einmal um und nickte Gerhardt bestätigend zu. Schulz verstand selbst, dass das hier eine ungewöhnliche Sache war, die vielleicht politische Schwierigkeiten nach sich zog. Darauf hatte er keine Lust. Er konnte es kaum erwarten, mit seinem Partner Weihrich über die Hintergründe des Ganzen zu spekulieren, sobald sie wieder allein waren.

Zwei Tage später standen beide Vernehmer neben ihren Kollegen aus Westberlin vor dem Eingangstor der JVA München und rauchten. Ihre ledernen Aktentaschen hatten sie zwischen die Füße gestellt. Gemeinsam waren sie gleich hierher gefahren, nachdem sie ihr Gepäck im Hotel abgestellt hatten. Während des Fluges hatten sie sich bereits ein wenig kennengelernt und führten nun ein vorsichtiges Gespräch darüber, welchen Eindruck ihre unterschiedlichen Dienstgrade auf die Zivilbevölkerung machten. Während die Ostberliner Kriminalisten einen militärischen Dienstgrad innehatten, besaßen ihre West-Kollegen einen zivilen. In ihrer Unterhaltung waren beide Seiten sichtlich bemüht, niemandem auf die Füße zu treten. Man einigte sich daher darauf, dass natürlich die persönliche Integrität und die Zugehörigkeit zur Polizei an sich wesentlich seien.

Einer der Westberliner berichtete, was er über die Umstände der Verhaftung des Verdächtigen wusste: »Der ist praktisch gleich, nachdem er in München ankam, in ein Kaufhaus und hat irgendetwas Großes gestohlen. Weiß gar nicht mehr, was das genau war. Jedenfalls gut zu erkennen, wenn man es unterm Arm trägt. Der Typ hat sich gar keine Mühe gegeben, es zu verstecken. Hat sich auch nicht sonderlich beeilt. Dann ist er unter verschiedenen Kameras entlangspaziert, bis ihn ein Ladendetektiv hochgenommen hat.«

Der andere ergänzte: »Der hat zwar schon mal geklaut, aber hätten wir ihn nicht nach eurer Anfrage zur Fahndung ausgeschrieben, wäre er wohl gar nicht lange im Knast geblieben. Ist also bloß gut, dass ihr nicht so lange gewartet habt.«

Nachdem sie ihre Zigaretten auf dem Boden ausgedrückt hatten, betraten die Kriminalisten gemeinsam die JVA. Nach Vorlage der Schlüsselscheine wurden Schulz und Weihrich anstandslos und ohne Kontrolle ihrer Taschen durchgelassen. Auf den Scheinen waren lediglich Namen und Zweck des Besuches vermerkt: Erstvernehmung. Ein Strafvollzugsbeamter führte alle zu einem Raum abseits des Traktes, in dem die Gefangenen untergebracht waren. Dort wartete an einem Tisch sitzend und unter Aufsicht eines weiteren Beamten ein sichtlich aufgewühlter Mann auf sie.

Jochen Wallmeier atmete schnell und starrte besonders Schulz und Weihrich mit geweiteten Augen an. Er hatte bereits die richtige, wenn auch bedrohliche Vermutung, dass es sich bei den beiden um Ost-Beamte handelte. Das glaubte er an den etwas altmodisch geschnittenen, bräunlichen Anzügen zu erkennen, die sie trugen. Und ausgerechnet diese beiden Männer setzten sich ihm gegenüber an den Tisch. Die anderen beiden nahmen auf Stühlen neben der Tür Platz, nachdem der JVA-Beamte hinausgegangen war und die Tür schloss.

Die beiden Männer ihm gegenüber machten einen ernsten Eindruck auf Wallmeier, sehr ernst sogar. Sie öffneten ihre Notizhefte und legten ihre Bleistifte wie mit dem Lineal ausgemessen präzise auf die Mitte der rechten Heftseite. Vom geraden Scheitel über die geradezu militärische Haltung bis hin zum kräftigen Rasierwassergeruch des Älteren war alles an beiden streng und ernst.

»Guten Tag. Ich bin Oberleutnant der K, Schulz. Das ist mein Genoss...«, er hielt kurz inne, fuhr dann aber im Staccato fort: »Mein Kollege Leutnant der K Weihrich. Wir gehören der Morduntersuchungskommission 2 der Direktion ›Leben und Gesundheit‹ des Bundeskriminalamtes Berlin an. Wir untersuchen den Mord an einem Ehepaar in Berlin-Friedrichshain vor knapp einer Woche und haben Grund zur Annahme, dass Sie etwas damit zu tun haben. Können Sie irgendetwas dazu sagen?«

Schulz sprach schnell, aggressiv und fordernd. Er sah dem Verdächtigen in die Augen. Eine Sekunde verstrich, und noch bevor Wallmeier den geringsten Gedanken an eine Reaktionsstrategie entwickeln konnte, fuhr der Vernehmer fort, als wäre er eigentlich gar nicht an einer Antwort interessiert: »Wir haben in der Wohnung der Ermordeten in allen Räumen umfangreiche Fingerspuren sichergestellt. Es sind Ihre Fingerabdrücke. Dazu kommen Haar- und Gewebeproben, die nicht von den Opfern stammen und nach einem Abgleich sicher auch Ihnen zugeordnet werden können. Zeugen in einem Lokal nahe des Tatorts haben Sie an mehreren Tagen vor dem Mord gemeinsam mit den Opfern gesehen. Der Wirt des Lokals hat diese Jacke als Ihre wiedererkannt.«

Schulz öffnete die Aktentasche auf seinem Schoß, holte eine Mappe hervor und entnahm ihr ein Foto, das er Wallmeier zuschob. Der Beschuldigte erkannte seine Lederjacke wieder. Das spielte für ihn jedoch schon keine Rolle mehr. Er hatte aufgegeben. Tränen standen in seinen Augen.

Davon unbeirrt fuhr Schulz in aggressivem Ton fort: »Also versuchen Sie nichts abzustreiten? Warum haben Sie die alten Leute umgebracht?«

»Ich bin ausgerastet. War besoffen.« Wallmeier sprach leise, den Blick starr auf den Tisch gerichtet.

»Sprechen Sie bitte laut und deutlich. Es geht hier schließlich um Mord«, griff Weihrich ein.

Erschrocken über die Härte des Tonfalls musste Wallmeier schlucken und fuhr mit zitternden Lippen fort, während Weihrich damit begann, Mitschriften für ein Protokoll anzufertigen.

»Wir haben uns gestritten. Schon in der Kneipe. Ich sollte bezahlen. Aber ich war ja blank. Die ganze Zeit taten die so, als wären sie die herzlichsten und gastfreundlichsten Leute. Und dann schmieren sie es einem doch aufs Butterbrot, dass man sich einladen lässt. Da hab ich eben gesagt, dass ich nur noch meine Sachen holen will und sie dann nicht mehr belästige. Da war's aber schon spät. Darum haben sie mich noch eine Nacht bei ihnen pennen lassen.« Wallmeier schluckte vernehmlich. »Ich konnte aber gar nicht schlafen, weil ich ja nicht wusste, wohin ich am nächsten Tag gehen sollte. Ich hatte gar kein Geld mehr. Wo sollte ich denn hin? Ich war ja nach Berlin gefahren, um ganz neu anzufangen. Vielleicht Handeln über die Grenze oder so etwas. Aber ich hatte ja gar keine Zeit. Die haben mich die ganze Zeit bequatscht. Morgens Frühstück, und dann ging Gudrun schon fürs nächste Essen einkaufen. Und nach dem Essen haben sie schon eingegossen. Dann kam ich nicht mehr los und bin auch abends mit in die Kneipe. Und als sie mich dann raus haben wollten, hab ich einfach Schiss gekriegt, dass ich in der Zone auf der Straße leben muss.«

»Bei uns lebt keiner auf der Straße«, unterbrach ihn Schulz mit ausdrucksloser Miene.

»Jedenfalls war ich angesoffen und hatte Angst.« Wallmeier bemerkte, dass sich Trotz in seine Stimme geschlichen hatte, und hielt inne. Nervös fuhr er sich durchs Haar und sprach weiter, bevor ihn einer der Vernehmer erneut anfahren konnte: »Also, ich hatte Angst, weil ich nicht wusste, wie ich weitermachen sollte. Als ich in die DDR gefahren bin, hab ich gedacht, ich schaff's schon irgendwie. Aber in dieser Nacht hatte ich gar keine Hoffnung mehr und hab immer mehr Panik gekriegt. Dass die mich rauswerfen wollten, kam so plötzlich, und ich war so weit weg von meinen üblichen Notabsteigen in München. In Ostberlin kannte ich ja überhaupt nichts, und bei den Alten bin ich nie weiter rausgekommen als bis zur Kneipe. Ich brauchte schnell Geld, um es zurück zu schaffen.«

Wallmeier atmete schwer. Regelmäßig schloss er für einige Sekunden die Augen und benetzte sich die spröde gewordenen Lippen.

»Ich saß ziemlich in der Scheiße. Es ging mir dreckig. Und alles nur, weil die mich plötzlich fertigmachen wollten. Ich meine, Peter und Gudrun wussten doch, dass ich nicht von da war und knapp bei Kasse. Zu Hause haben sie keinen Ton gesagt. Aber als wir dann in der Kneipe waren, haben sie 'ne große Kiste aufgemacht, und Peter hat rumgeschrien. Hat sich wohl plötzlich stark gefühlt bei seinen Kneipenkollegen. Sonst hat er wohl Schiss gehabt, weil er wusste, dass er gegen mich nicht ankam. Die haben mich bewusst vorgeführt. Sogar die Chance, in der einzigen Kneipe, die ich kannte, irgendwen zum Pennen zu finden, haben sie mir damit genommen. Die haben mich an meine Eltern erinnert: Erst tun sie, als wären sie Heilige, und dann machen sie dir Vorwürfe und bevormunden dich. Ich bin so verdammt wütend geworden. Ich dachte: Was bilden die sich ein? Die jagen mich ganz bewusst auf die Straße!«

Auf Wallmeiers Gesicht zeichnete sich erneut Zorn ab. Er starrte den Tisch an, als würde er einem der Opfer oder vielleicht seinen Eltern ins Gesicht sehen, während er ihnen Vorwürfe machte.

Die Vernehmer hielten sich zurück und ließen ihm Raum, weiter seine Gedanken und Gefühle zu rekapitulieren.

»Ich hab noch einen getrunken. Schnaps hatten die ja genug da. Ich wurde immer wütender. Ich hab mir gesagt, wenn denen so egal ist, was aus mir wird, dann sind sie mir auch egal. Von heute auf morgen interessiert sie nicht mehr, ob ich auf der Straße verhungere. Und dabei bilden sie sich auch noch ein, dass sie etwas Besseres wären. Aber die hatten doch keine Ahnung. Was haben die schon erlebt? Aber mich trotzdem verurteilen! Ich wollte einmal nicht das Opfer sein und nicht einfach den Schwanz einziehen, wenn mich einer so behandelt! Ich hatte einfach genug, verstehen Sie?«

Wallmeier hatte den Blick gehoben und den Vernehmern zugewandt. Beide öffneten den Mund zur Antwort, aber Weihrich war schneller: »Sie hatten also genug. Wir verstehen, was Sie sagen wollen. Aber was haben Sie dann getan? Wie sind Ihre Gastgeber zu Tode gekommen?«

»Ich hab sie erwürgt.«

Diese Antwort erfolgte so knapp und nüchtern, dass sich Schulz und Weihrich einen schnellen Seitenblick zuwarfen. Sie warteten kurz, doch Wallmeier schwieg.

»Wie ist das genau abgelaufen?«, fragte Schulz schließlich nach. Der Münchner schüttelte den Kopf. Ihm liefen bereits die Tränen über die Wangen.

»Ist keiner wach geworden? Wen haben sie zuerst erwürgt?«

Auf diese Frage hin verbarg Wallmeier das Gesicht hinter den Handflächen und schüttelte wieder schluchzend den Kopf.

»In Ordnung, das sind jetzt die letzten Fragen«, setzte Weihrich erneut an. »Wen haben Sie zuerst ermordet? Und wie sind Sie geflohen?«

Der junge Mann schluckte laut und wischte sich die Tränen aus den Augen.

»Sie. Und dann hab ich einfach schnell das bisschen Geld, dass da war, für ein Zugticket zusammengesammelt und ein Radio eingesackt und bin zum Bahnhof. Zurück hierher.«

Auf diese Antwort hin nickten sich die Ermittler zu. Weihrich schaute auf die Uhr und machte noch kurze Notizen im Protokoll, während Schulz den Kollegen neben der Tür zu verstehen gab, dass sie genug gehört hatten. Schulz verabschiedete sich von Wallmeier, bevor alle vier Kriminalisten gemeinsam den Raum verließen: »Das war es nur vorerst. Sie hören noch von uns. Bis dahin sind sie ja hier gut aufgehoben.«

Zurück im Dezernat II in Ostberlin, empfingen Schulz und Weihrich die vorgetragenen Glückwünsche von Oberstleutnant Gerhardt. Dass sich so widerstandslos und direkt ein Geständnis herausholen ließe, hatte er nicht erwartet. Im gleichen Maße war Schulz und Weihrich die Brust geschwollen – sie waren die ersten Kriminalisten der DDR, die eine Vernehmung in München durchgeführt hatten. In diesem Moment dachten sie nicht daran, dass das nur möglich gewesen war, weil sich die DDR selbst gerade in Auflösung befand. Ihre Aufgabe war die Überführung von Mördern, und dafür sah es nun sehr gut aus.

Die Kollegen aus dem Westen hatten bereits in Aussicht gestellt, eine abschließende Vernehmung in Berlin zu ermöglichen, sobald Jochen Wallmeiers Überführung in eine Westberliner JVA geregelt sei. Bis zu dieser Überstellung dauerte es noch zwei Wochen, doch dann konnten die Ostberliner Vernehmer in der JVA Berlin-Moabit die letzten Fragen klären. Es galt noch zu überprüfen, ob beim Geständigen auch echtes Täterwissen vorlag, um die Beteiligung weiterer Personen auszuschließen. Anhand von Kenntnissen über die Position von Gegenständen in der Wohnung der Opfer, über ihre Tagesabläufe sowie deren Lage im Bett nach ihrer Ermordung konnte dies zweifelsfrei festgestellt werden. Wallmeier konnte alle Fragen beantworten.

Ab dem Moment, da er erkannte, dass die Ermittlungen der Kriminalisten im Osten nicht an der Grenze scheiterten, hatte er aufgegeben. Inzwischen war auch herausgekommen, dass es Wallmeier tatsächlich gelungen war, Frau Loose zu erwürgen, während ihr Mann daneben fest schlief. Er war nicht aufgewacht, als der Münchner seiner Frau das Leben nahm. Wahrscheinlich hatte Loose nicht einmal realisieren können, was geschehen war, bevor Wallmeier auch ihn erwürgte. Kein Kampf, kein Geschrei, nur kaltblütiges Ausnutzen völliger Hilflosigkeit.

Es dauerte länger, bis Verlauf und Ergebnisse der Ermittlungen so weit aufbereitet waren, dass sie der Staatsanwaltschaft übergeben werden konnten. Erst im Mai machte sich Gerhardt mit der Akte zum Staatsanwalt auf. Als Direktionsleiter, aber vor allem angesichts der besonderen Umstände, unter denen die Ermittlungen erfolgt waren, übernahm er das persönlich. Es war der Moment gekommen, sich den möglichen Konsequenzen für das eigenmächtige Handeln zu stellen. Bisher wusste kaum jemand im Zentralen Kriminalamt davon, was Schulz und Weihrich erreicht hatten. Selbst als der Verdächtige schon gestanden hatte, blieb Gerhardt vorsichtig. Er wollte weder den Abschluss des Falles noch die beteiligten Kollegen gefährden.

Gerhardt konnte nicht wissen, ob ihm jemand beruflich oder gar persönlich einen Strick daraus drehen würde. Während der Ermittlungen zu den Ereignissen am 40. Jahrestag der Republik in Berlin war er vielen Kollegen und Vorgesetzten auf die Füße getreten und hatte sich immer wieder durchgesetzt. Nicht zuletzt stützte er nun seine Hoffnungen darauf, dass ihm keine weiteren Probleme erwachsen würden, auf die damalige Erkenntnis, dass einfach niemand mehr bereit war, politisch Verantwortung zu übernehmen. Alle zogen den Kopf ein. Kein Wunder, denn viele sorgten sich nicht einfach um ihre Karriere, sondern auch um ihre Familie. Unter den Forderungen auf der Straße waren auch solche gewesen, die an dunklere Zeiten erinnerten und alle Angehörigen der politischen Organe der DDR unter Generalanklage stellten. Parteimitglieder wünschte man in Lager und sprach ihnen jedwede Menschlichkeit ab.

Gerhardt konnte sich nun nicht mehr vorstellen, dass sich da noch Widerstand gegen seine Kooperation mit den Ermittlern aus dem Westen regen würde. Alle wähnten sich auf einem sinkenden Schiff und wollten sich nicht noch im letzten Moment in der Takelage verheddern.

Er blieb gleich im Raum, als der Staatsanwalt den Vorgang an seinem Schreibtisch durchging.

Letztendlich schob der seinen Stuhl zurück und fragte kopfschüttelnd: »Wie habt ihr denn das angestellt?«

Gerhardt hob die Augenbrauen und schmunzelte.

»Muss ich dir das sagen, Genoss…?« Er räusperte sich. »Also, Herr Staatsanwalt, biste dir sicher, dass du es so genau wissen willst?«

Erst seit Anfang Januar waren beide der Anrede nach keine Genossen mehr. Sie wurden zu Kollegen gemacht und hatten sich nun mit »Herr« anzusprechen. Daran gewöhnte sich so schnell keiner. Nicht für alle war das Wort »Genosse« nur eine Formalie. Selbst die Leute ohne Parteiausweis verstanden, dass man damit mehr aussagte. Noch einen Monat zuvor hätte Gerhardt zum Staatsanwalt »Genosse« gesagt und damit gemeint: »Pass auf, wir stehen auf derselben Seite. Du kannst mir vertrauen, und ich vertraue darauf, dass du keinen Unsinn machst.« Genauso gut hätte der Staatsanwalt ihn in seiner Antwort »Genosse« nennen und damit eine Rüge unterstreichen können à la »Ich meine es zwar gut mit dir, aber ich erinnere dich an deine Pflicht«. Über die Jahre hatte man sich an die Nuancen im Klang dieses Wortes und seinen Gebrauch gewöhnt. Nun musste es eben mit »Herr« gehen.

Der Staatsanwalt blähte die Wangen und blies die Luft hörbar aus.

»Na, dann kannst du gleich weiter zum stellvertretenden Generalstaatsanwalt gehen. Dann hab ich damit nichts am Hut.«

Weiterhin schmunzelnd, nickte Gerhardt freundlich.

»Kein Problem. Bis dann.«

Das lief ganz wie erwartet. Er verließ das Büro des Staatsanwalts, während der noch ungläubig den Kopf schüttelte. Einen Etage höher zu müssen, machte Gerhardt nicht nervös. Bevor man ihn zum Direktionsleiter »Leben und Gesundheit« gemacht hatte, ließ man ihn die Ermittlungen gegen die ehemaligen Politbüromitglieder durchführen. Abgesehen von den unmöglichen Bedingungen und Gründen, unter denen dort Ermittlungsverfahren künstlich zurechtgemacht werden mussten, hatte dies inzwischen auch Vorteile für Gerhardt. So ziemlich jedem, der im Justizsystem einen Namen hatte, hatte er schon die Hand geschüttelt. Daher kannte er auch den stellvertretenden Generalstaatsanwalt Evert persönlich.

Als er ihm den Vorgang vorlegte, äußerte er gleich sein Anliegen: »Ich bitte dich, die Auslieferung des Verdächtigen in Westberlin zu beantragen!«

»Was soll ich?« Evert fühlte sich offensichtlich überrumpelt. »Die liefern keine Leute aus. Was soll das, Herr Gerhardt?«

Im Grunde konnte Gerhardt diese Reaktion gut verstehen. Die Behörden der BRD hatten bislang tatsächlich nie einen Täter ausgeliefert. Ganz gleich, wie groß das Verbrechen war oder wie viel einer auf dem Kerbholz hatte. Sie erkannten die DDR als Staat nicht an und lieferten deshalb nicht aus. Basta! So war es bisher gewesen. Inzwischen schien sich die Sache aber geändert zu haben. Vielleicht wollte man der alten Dame DDR noch einen letzten Wunsch erfüllen, bevor man sie unter die Erde brachte. Makaber, wenn man bedachte, dass man drüben gleichzeitig ihr Ableben beförderte. Deshalb wollte Gerhardt aber nicht darauf verzichten, einen Mörder seiner verdienten Strafe zuzuführen.

Er antwortete deshalb betont ruhig: »Na, schau mal kurz in die Akte. Die Kollegen im Westen haben bereits umfangreicher kooperiert als je zuvor. Glaub mir, die wollen diese Sache auch zu Ende führen. Da hat einer in der DDR gemordet und sollte auch hier verurteilt werden. Und im schlimmsten Fall wird ein Antrag mehr unter vielen abgelehnt.«

Gerhardt schaute angespannt aus dem Fenster, während der Generalstaatsanwalt sich den Vorgang ansah. Als er fertig war, wandte sich Gerhardt ihm wieder zu. Eine ganze Zeitlang blickte ihn Evert mit tief in Falten gelegter Stirn an.

Dann antwortete er: »In Ordnung. Ich sehe zu, was ich tun kann. Ich gebe dir dann Bescheid, sobald ich von drüben Antwort erhalten habe. Ich hoffe aber sehr, das fällt uns nicht irgendwann auf die Füße.«

»Das hoffe ich auch«, erwiderte Gerhardt zum Abschied. »Danke dir.«

Eine Woche später blies Oberstleutnant Gerhardt gerade auf seinen zu heißen Kaffee, als ihm seine Sekretärin Besuch ankündigte. Evert senkte den Kopf zur höflichen Verabschiedung, als er an Christel vorbei ins Büro trat.

»Glückwunsch Gen…, ach, du weißt schon. Ich muss zugeben, ich bin baff. Du hattest recht: Soeben wurde zum ersten Mal in der Geschichte ein Gefangener aus der BRD an uns ausgeliefert.« Er schüttelte dem Direktionsleiter die Hand. »Wie auch immer ihr das angestellt habt, es hat funktioniert!«

Gerhardt schlug mit der flachen Hand auf den Schreibtisch: »Zack! Damit ist die Sache in Sack und Tüten. Dir natürlich auch Glückwünsche. Du bist schließlich der erste Staatsanwalt, dessen Gesuch stattgegeben wurde.« Gerhardt lachte herzlich. »Na, da waren wir mal wieder schneller als die Politik, was?«, witzelte er im Versuch einer Verbrüderung.

»Wahrscheinlich.«

Der Staatsanwalt machte auf Gerhardt noch einen etwas verunsicherten Eindruck. Er brachte ihn bis zur Tür und verabschiedete sich mit erneutem Händeschütteln. Dann begab er sich zurück an den Schreibtisch und bat telefonisch darum, Schulz und Weihrich von der MUK zu ihm herüberzuschicken. Er wollte auch ihnen persönlich gratulieren und dafür danken, dass sie das ganze Unterfangen nicht durch Geschwätzigkeit in Gefahr gebracht hatten. Er atmete tief durch. Während der ganzen Zeit hatte er unter der Erwartung gelitten, irgendwie könne alles schiefgehen. Nun aber fiel deutlich eine Last von ihm ab. Doch lange nahm er sich nicht die Zeit, um den Erfolg zu feiern. Andere Vorgänge stapelten sich schließlich auf seinem Schreibtisch. Für die nächste Zeit hieß das also erst einmal wieder Dienst nach Vorschrift.

Nachdem Jochen Wallmeier nach Ostberlin überstellt worden war, leitete der Staatsanwalt das Verfahren ein. Der Münchner wurde wegen zweifachen Mordes gerichtlich zu lebenslänglicher Haft verurteilt. Ganz im Stil seines bisherigen lebenskünstlerischen Drahtseilaktes versuchte Wallmeier, gleich nachdem die DDR der BRD einverleibt worden war, das Verfahren neu aufzurollen. Wiederaufnahmeverfahren waren nicht selten und führten in manch traurigen Fällen dazu, dass Schwerverbrecher wie der »Kremsermörder« auf freien Fuß kamen, um kurz darauf erneut zuzuschlagen. Jochen Wallmeier hatte allerdings kein Glück mit diesem Versuch. Die Beweislage war zu dicht. Außerdem hatten die bundesdeutschen Behörden ja bereits auf eigenwillige Weise mit seinem Fall zu tun gehabt.

Der Fensterer im Altersheim

Katrin fuhr mit dem Finger die Zeilen des Ausgangsbuches ab und setzte mit dem Bleistift Häkchen hinter die Unterschriften der Altersheimbewohner. In der ersten Spalte notierten diese hinter ihrem Namen, wann sie von einem Ausgang zurück sein würden, und in der zweiten unterschrieben sie neben der tatsächlichen Zeit ihrer Rückkehr. Schwester Katrin stellte durch die kleinen Bleistifthäkchen sicher, dass sie nicht übersah, wenn jemand fehlte. Was die Arbeit betraf, war ihr Sorgfalt auch ein persönliches Bedürfnis. Es war gerade Ende Mai 1990, und damit kamen für die Bewohner gleich zwei Anreize für regelmäßige Ausgänge zusammen: die offene Grenze und das gute Wetter. Das Buch war also voller als üblich und konnte nicht nur mit einem schnellen Blick kontrolliert werden. Es lag an der Rezeption der Pflegestation im Erdgeschoss aus, und wer die Rezeption betreute, behielt auch das Buch im Auge.

Dort stand nun Katrin und verharrte mit dem Finger auf einem Namen: »Hm, Frau Moll wollte eigentlich um 15 Uhr zurück sein. Seit über einer Stunde überfällig. Komisch. So kenn ich sie gar nicht.« Diese Feststellung versetzte die Pflegeschwester jedoch nicht in Hektik – das Heim war schließlich kein Gefängnis, die Zeitangaben wurden freiwillig gemacht, damit Besucher Bescheid wussten, wann ihr älteres Familienmitglied zurück sein würde. Aber auch, damit sich jemand um Hilfe kümmerte, sollte ihm unterwegs etwas zugestoßen sein. Wenn sich Bewohner nicht wieder eintrugen, lag das meist daran, dass sie es schlichtweg vergessen hatten.

Katrin wählte Frau Molls Nummer. Der Zimmerapparat klingelte mehrfach, doch niemand nahm den Hörer ab. Manchmal hörten die alten Herrschaften das Telefon nicht, waren eingenickt oder standen auf dem Balkon, vor dem der Straßenverkehr rauschte. Meldete sich niemand, musste die Pflegeschwester selbst nachsehen. So fuhr Katrin nun mit dem Fahrstuhl nach oben. Im dritten Stock klopfte sie an die Tür von Frau Molls Apartment, erhielt aber auch hier keine Antwort.

»Frau Moll! Sind Sie da? Hier ist Schwester Katrin. Bitte antworten Sie, wenn Sie zu Hause sind!«

Vorsichtig legte sie das Ohr an die Tür, konnte aber nichts hören. Sie seufzte kurz und holte dann den Generalschlüssel aus der Seitentasche ihres Kittels. Es gelang ihr aber auch im dritten Anlauf nicht, ihn ins Schloss zu bekommen.

»Das kann doch nicht wahr sein. Steckt da der Schlüssel von innen?« Sie klopfte noch einmal laut an, lief dann aber gleich zügig zurück zum Fahrstuhl. Da musste jetzt rasch der Hausmeister ran. Um schneller zu sein, nahm sie die Treppe, wo sie sogleich dem Gesuchten, Meidel, begegnete.

»Hulla, äh, hallo«, grüßte der gereifte Handwerker

im Versuch eines flotten Scherzes. Katrin hatte dafür allerdings keine Nerven.

»Komm mal bitte schnell! Wir müssen im Dritten in ein verschlossenes Zimmer.«

Meidel folgte ihr und versuchte, oben angekommen, den Schlüssel mit einer dünnen Stechahle aus dem Schloss zu drücken. Dann nahm er noch einen Draht dazu. Aber im Schloss bewegte sich nichts. Er seufzte entnervt.

»Das Ding ist herumgedreht. Mann, ey. Himmel, Arsch und Zwirn! Den krieg ich so nicht raus. Müsste das Schloss ausbauen. Vielleicht geht's schon mit Bohren.« Nun schob er die Hände vor dem runden Bauch in die Taschen seines Blaumanns und verzog grübelnd den Mund.

»Mensch, Horst! Nee, das muss jetzt schnell gehen!«, erwiderte Katrin empört über die plötzliche Ruhe des Hausmeisters. Der zuckte mit den Schultern.

»Na gut.« Meidel ging direkt zur benachbarten Tür rechts, klopfte an und schloss mit dem Generalschlüssel auf.

»Was machst du denn da?«, rief ihm die Pflegeschwester hinterher. Aber er kümmerte sich schon nicht mehr um sie. Er war bei neuen Problemen generell einfallsreich. Das brachte eine ordentliche Handwerksausbildung im Osten zwangsläufig mit sich – da musste man öfter mal improvisieren. Die Bewohnerin des zweiten Apartments war ebenfalls nicht da, so dass sie niemanden störten. Meidel eilte weiter zur Balkontür, öffnete sie und trat hinaus. Draußen konnte man die ganze Balkonzeile überblicken, denn die Abteile waren nur durch hüfthohe Wände voneinander getrennt. Nach einem schnellen prüfenden Blick über die Balustrade stieg der Hausmeister über die Abteilwand auf den Balkon der vermissten Dame und spähte von außen durch die Glastür. Und tatsächlich: In einem Sessel neben dem Zimmertisch sah er die alte Frau sitzen. Sie rührte sich nicht.

Die Balkontür war nicht verriegelt, sondern lediglich angelehnt. Er streckte also den Zeigefinger aus und schob damit vorsichtig die Tür nach innen auf. Er machte ein paar Schritte zum Sessel hin und lehnte sich nach vorn, um die sitzende Frau genauer betrachten zu können. Regungslos. Der Kopf war zur Seite gegen die Lehne des Sessels gekippt, Arme und Beine in verschiedenen Richtungen verkrampft.

»Das sieht ja übel aus.« Zischend atmete Meidel zwischen den zusammengepressten Lippen aus und ging weiter zur Eingangstür. Er holte ein Stofftaschentuch aus dem Blaumann und benutzte es, um keine Spuren an der Tür zu verursachen, als er aufschloss und den Schlüssel abzog. Die Sache schien ihm merkwürdig, und er hatte keine Lust, mehr mit der Polizei zu tun zu bekommen als unbedingt nötig.

Draußen stand Schwester Katrin, die beim ersten Geräusch im Schloss in Anspannung geraten war. Sie kam sofort herein.

»Tut mir leid, da sitzt sie im Sessel.« Horst wies mit einem Kopfnicken hinter sich, bevor er aus der Tür trat und alles Weitere vom Flur aus beobachtete. »Das sieht echt merkwürdig aus. Warum hat sie denn zugeschlossen?«

Die Pflegeschwester fühlte nach Frau Molls Puls, schüttelte aber schnell den Kopf.

»Vielleicht war es ja nur ein Krampfanfall. Wer weiß. Das sollen der Arzt und die Polizei klären. Passt du hier bitte auf, dass niemand hereinkommt, während ich telefoniere? Ich lehne die Tür an.«

Der Hausmeister nickte ihr zu und verschränkte die Arme vor der Brust. Schwester Katrin wählte die Notrufnummer.

»Volkspolizei Weißensee, Müller«, meldete sich eine Männerstimme.

Katrin gab sich Mühe, sachlich und ruhig zu sprechen, geriet aber doch ins Stolpern: »Hier ist das Altersheim Weißensee. Wir haben hier eine Tote, also, die Frau Moll tot gefunden, in ihrem Zimmer. Und da wissen wir nicht so genau. Das sieht nicht normal aus.«

»In Ordnung. Wie ist Ihr Name?«

»Schwester Katrin. Also, ich meine, Gerber.«

»Frau Gerber, Sie haben die Tote gefunden?«

»Ja. Gerade eben.«

»Im Altersheim Weißensee, sagen Sie?«

»Ja, genau.«

»Danke. Dann rufen Sie jetzt bitte erst einmal den zuständigen Arzt. Wenn der sich die Tote angesehen hat, melden Sie sich noch einmal bei uns. Lassen Sie bitte außer dem Arzt niemanden zum Fundort. Ich setze schon einmal die zuständigen Kollegen in Kenntnis.«

»Ja, mach ich. Wiederhören.«

»Wiederhören.«

Katrin wischte sich den Schweiß von der Stirn. Behördentelefonate waren für sie sonst keine Herausforderung; sie hatte sich extra dafür eine angenehme, sachliche Telefonstimme zugelegt. Die aktuelle Situation brachte sie aber doch aus dem Konzept. Sie griff den Kragen ihrer Bluse mit zwei Fingern und schüttelte sie, um sich etwas abzukühlen. Dann rief sie im Krankenhaus des Bezirks an, zu dem das Altersheim einen direkten Draht hatte. Das erwies sich häufig als überaus praktisch, da medizinische Notfälle oder Krankentransporte aus dem Heim keine Seltenheit waren.

Zehn Minuten später fuhr der Krankenwagen vor dem Gebäude vor. Katrin brachte den Arzt hinauf in Frau Molls Apartment und teilte ihm unterwegs die wenigen Details mit, die es zu den Umständen ihres Fundes gab. Der Arzt überprüfte erneut die Vitalzeichen und untersuchte dann mit Hilfe einer kleinen Taschenlampe den Kopf der Toten. Nach wenigen Minuten wandte er sich wieder der Pflegeschwester zu.

»Sie ist erstickt. Allerdings kann ich nicht genau sagen, warum. Tut mir leid. Sie können der Polizei mitteilen: Tod durch Ersticken. Erstickungsursache ungeklärt.«

Katrin nickte: »In Ordnung, Doktor. Danke.«

Als sie den Befund des Arztes an die Polizei weitergab, erwartete man ihren Anruf bereits. Nach dem ersten Telefonat war die Arbeitsgruppe »Unnatürliche Todesfälle« angewiesen worden, sich bereitzuhalten. Man wollte verhindern, dass sie nach dem eigentlichen Feierabend nicht mehr erreichbar sein würden.

Die Arbeitsgruppe »Unnatürliche Todesfälle«, kurz UT, war auf solche verlängerte Arbeitszeiten eingerichtet. Immer wenn Zweifel an der Todesursache einer in Berlin verstorbenen Person bestanden, wurden zunächst sie hinzugezogen. Ihre Aufgabe war es festzustellen, ob der Tod natürliche Ursachen hatte oder ob sich Anzeichen für äußere Einwirkungen feststellen ließen, die Unfall, Selbsttötung oder Fremdverschulden nahelegten. Sobald die UT entschied, dass eine Beteiligung anderer Personen am Tod wahrscheinlich war, übergaben sie den Fall zur weiteren Ermittlung an ihre Kollegen vom Dezernat II.

Die Mitarbeiter der Arbeitsgruppe »Unnatürliche Todesfälle« waren Spezialisten mit medizinischer Grundausbildung und bekamen bei ihren Ermittlungen freie Hand. Zwar gehörten sie genauso wie die Morduntersuchungskommissionen zum Dezernat II »Leben und Gesundheit« des Zentralen Kriminalamts und waren damit in dessen Leitungsstruktur eingebunden, aber der Dezernatsleiter mischte sich in ihre Arbeit nicht ein. Solange sie Ergebnisse vorlegten, empfand er es als unnötig, die Spezialisten von ihrer Arbeit abzulenken.

Der Untersuchungsführer der UT, Kriminalhauptkommissar Mahn, und seine beiden Kriminalkommissare, Krause und Thielemann, hatten ihre eigenen Routinen entwickelt und gemeinsam bereits einige sehr verzwickte Situationen aufgeklärt. Sie lehnten schon rauchend an ihrem Barkas im Hof der Polizeiwache, als ein Kollege ihnen durchs Fenster zurief, dass sie jetzt los könnten. Sie traten ihre Zigaretten auf dem Boden aus und setzten sich ins Auto. Die Adresse des Altersheims hatten sie bereits zuvor notiert und fuhren sofort los.

Gegen 17 Uhr erreichte die UT das Altenheim. Es war ein sechsstöckiger Plattenbau mit Balkonfront, an der inzwischen mehrere schaulustige Bewohner über die Balustrade blickten, angelockt vom ungewöhnlichen Trubel. Der Untersuchungsführer schaute hinauf. Im dritten Stock sei die Frau gefunden worden, hatte man ihm gesagt. Die drei Kriminalisten gingen hintereinander hinein, stellten sich kurz bei der Heimleitung vor und belehrten die Mitarbeiter darüber, dass der Fundort von niemandem mehr betreten oder manipuliert werden dürfe. Da der Hausmeister bereits gegangen war, ohne Katrin Bescheid zu sagen, war nur noch sie vor Ort, um gegebenenfalls zu Einzelheiten während der Entdeckung der Toten Auskunft zu geben. Man bat sie, mit nach oben zu kommen.

Krause und Thielemann trugen Spurenkoffer, Kamera und ein kleines kriminaltechnisches Besteck in den Fahrstuhl. Oben angekommen, stellten sie die Koffer vor dem Zimmer der Toten ab. Die Pflegeschwester wartete mit vor dem Schoß gefalteten Händen und offensichtlich im Gefühl, fehl am Platze zu sein, im Flur. Die drei Kriminalisten zogen sich Handschuhe an. Sobald sie mit der Arbeit begannen, wurden sie still und konzentriert.

Katrin schaute zu ihnen hinüber, und sie beschlich ein beklemmendes Gefühl. Nur schwer konnte sie ein Räuspern unterdrücken – sie wagte nicht, die eingetretene geschäftige Ruhe zu zerreißen. Thielemann begann, den Tatort zu fotografieren, bevor alle drei nacheinander das Zimmer betreten und eventuell Veränderungen an ihm vornehmen würden. Der Kriminalkommissar schoss zunächst zwei Überblicks- und Orientierungsbilder vom Flur aus und machte dann eine Aufnahme vom Boden, den sie bis zur Leiche würden überqueren müssen. Krause nahm Notizbuch und Stift zur Hand, um die erste Beurteilung der Auffindsituation für ein mögliches Tatortprotokoll festzuhalten, welches im Falle von weiteren Ermittlungen so detailreich wie möglich sein sollte. Erst nachdem diese Vorbereitungen abgeschlossen waren, betrat Mahn als Erster den Raum und setzte langsam einen Fuß vor den anderen, während er den Blick in alle Ecken schweifen ließ.

»Keine offensichtlichen Spuren eines Kampfes«, gab er wie in Gedanken versunken zu Protokoll.

Krause folgte ihm mit dem Notizbuch.

»Einzelapartment. Zur rechten Seite das Bad, zur linken ein Schrank. Dann wieder rechts Bett und Tisch. Beistelltisch mit Telefon. Bett gemacht. Tisch ordentlich. Zwei Gläser. In der Mitte der Sessel mit der Toten.«

Während der Untersuchungsführer sprach, machte Thielemann mit der Kamera immer wieder Übersichtsaufnahmen und zuletzt eine Nahaufnahme der Leiche.

»Die Tote war Anfang siebzig. Gliedmaßen sind ausgestreckt, verkrampft. Kopf zur Seite geneigt. Ein Tuch liegt locker um den Hals. Das Tuch ist wahrscheinlich aus Seide oder etwas Ähnlichem.« Er nickte seinen Kollegen zu. »Na, dann wollen wir mal.«

Mahn ging zurück in den Flur. Während er den Koffer mit dem kriminaltechnischen Besteck öffnete, fragte er in Katrins Richtung: »Schwester, hatte die Tote irgendwelche Atemwegserkrankungen, Asthma oder ähnliches?«

Katrin schüttelte den Kopf: »So was ist uns nicht bekannt. Meinen Sie, sie hatte einen Anfall?«

Der Kriminalist drehte den Kopf in ihre Richtung: »Noch meine ich gar nichts. Aber sagen Sie, das Tuch, gehörte das der Toten, wissen Sie das? Und hat der Notarzt das Tuch bei der Untersuchung bewegt?«

Katrin runzelte verwundert die Stirn: »Das Tuch? Das weiß ich nicht. Das kann ich wirklich nicht sagen. Der Doktor hat das bestimmt bewegt, als er nachgeschaut hat. Aber ob ihr das gehört hat? Wird wohl so sein, oder?«

»Danke. Das reicht mir erst mal als Antwort«, gab Mahn zurück, während er dem Koffer einen Holzspatel und eine Taschenlampe entnahm. Er ging wieder zur Leiche zurück. Mit einem leichten Stöhnen lehnte er sich nach vorne und betrachtete von beiden Seiten den Hals der Toten.

»Keine Würgemale zu erkennen«, erklärte er nüchtern. »Aufgrund des Alters der Toten können besondere Anzeichen von Schwellung oder Blaufärbung im Gesicht nicht mit Sicherheit festgestellt werden. Faltige Tränensäcke, raue Haut. Das erschwert die Einschätzung.«

Sehr vorsichtig verschob Mahn mit dem Spatel an jedem Auge der Toten jeweils zuerst das obere, dann das untere Lid und betrachtete die Augäpfel. Dann nickte er.

»Ja, da sind die Einblutungen im Auge. Starke punktförmige Bindehautblutungen. Die wird sicherlich auch der Notarzt gesehen haben. Damit kann man aber immer noch nicht auf eine bestimmte Erstickungsursache schließen.« Er stieß stoßartig Luft durch die Nase aus und fuhr fort: »Das wird kompliziert. Dieter, kannst du schon mal den Balkon überprüfen? Ich bin für jede Spur dankbar.«

»Na klar, Chef«, erwiderte Thielemann und begab sich mit der Kamera nach draußen.

Mit einem erneuten Stöhnen kniete sich der Leiter der UT vor die Leiche und schaute mit Hilfe der Taschenlampe von unten in ihre Nasenöffnungen, schüttelte aber bald darauf den Kopf: »Auch in den Nasenschleimhäuten keine deutlichen Schwellungen oder Blutungen.« Mit der linken Hand hielt er die Stirn der Toten zurück und öffnete mit der anderen Hand ihren Mund. Er verzog vor konzentrierter Anspannung die Miene, als er den Mundraum ausleuchtete. Dabei wechselte er ständig die Perspektive, um Farbschattierungen im Inneren besser erkennen zu können. Die Erleichterung stand ihm ins Gesicht geschrieben, als er endlich aus der unangenehmen Hockposition aufstand und zu Protokoll gab: »Auch im Rachenraum keine weiteren eindeutigen Anzeichen für Gewalteinwirkung. Nicht deutlich blutunterlaufen oder geschwollen. Da kommen wir nicht weiter.« Er schaute den im Raum gebliebenen Kollegen Krause an. »Was meinst du? Wir haben Erstickungszeichen im Auge. Sonst nichts Eindeutiges.«

Der Kollege klappte das Notizbuch zu.

»Wenn sie aufgrund innerer Erstickung anstelle äußerer Einwirkung gestorben wäre, warum hat sie dann nicht zuvor versucht, Hilfe zu holen? Was ist mit dem Telefon? Sie hätte in der Pflegestation anrufen können, zumindest zum Telefon oder zur Tür hätte sie sich sicherlich bewegt, wenn sie einen Erstickungsanfall erlitten hätte.«

Mahn nickte. »Spätestens nach dreißig Sekunden wäre Lufthunger eingetreten. Dann hätte sie vielleicht noch etwa anderthalb Minuten gehabt, um panisch Hilfe oder Erleichterung zu suchen, bis die Ohnmacht eingetreten wäre. Natürlicher Tod ist also eher unwahrscheinlich, so wie sie hier im Sessel sitzt.«

»Bleiben Suizid und Tötung. Bei Suizidabsicht käme der Verbleib am Platz infrage«, gab Krause zu bedenken.

»Dieses Tuch hier ist in keiner Weise so geknotet, dass sie sich hätte selbst strangulieren können«, erwiderte der Kriminalhauptkommissar kopfschüttelnd. Er ließ den Blick durch den Raum streifen und hielt plötzlich inne: »Die Gläser auf dem Tisch. Innere Erstickung oder Verkrampfung der Atemwege durch Gift kämen in Frage. Auch die abgeschlossene Tür ergäbe dann bei Suizidabsicht Sinn. Aber wozu zwei Gläser? Ich denke eher, dass hier noch jemand bei ihr gewesen ist. Vielleicht hatte sie Besuch.«

Mit ein paar Schritten begab er sich in den Sichtbereich der wartenden Katrin und sprach sie an: »Sagen Sie, Schwester, gab es irgendwelche Anzeichen dafür, dass die Tote vor ihrem Ableben unglücklich gewesen ist?«

Katrin schüttelte eilig den Kopf: »Ganz im Gegenteil: Sie war aktiv, nutzte den Ausgang und hatte soziale Kontakte hier im Heim. Da haben wir ganz andere Fälle.«

Inzwischen war Thielemann vom Balkon zurückgekehrt und gab knapp seine Beurteilung bekannt: »Also, es gibt hier an der Tür Fingerspuren. Sonst kann ich auf die Schnelle allerdings keine Spuren finden.«

Daraufhin gab der Untersuchungsführer mit einer abschließenden Geste zu verstehen, dass er vorerst genug gesammelt hatte: »Das reicht so weit. Da muss die Gerichtsmedizin noch mal genauer reinschauen. Einen natürlichen Tod können wir hier nicht annehmen. Ich verständige die Direktion. Nehmt ihr bitte so lange eine odorologische Untersuchung von dem Tuch bzw. dem Schal vor.«

Draußen auf dem Flur wandte Mahn sich noch einmal der Pflegeschwester zu: »Es tut mir leid, aber ich muss Sie bitten, sich noch den Kollegen von der Morduntersuchungskommission zur Verfügung zu halten. Sie können so lange unten auf der Station warten. Aber ich muss Sie belehren, dass Sie bitte absolutes Stillschweigen bewahren. In Ordnung? Danke.«

Während sie auf die Kollegen der MUK wartete, sicherten Thielemann und Krause dem Seidentuch anhaftende Gerüche, indem sie es für zehn Minuten in ein kleineres Tuch einschlugen und dieses dann in einem Glas konservierten.

Solche odorologischen Spurensicherungen dienten dazu, im Bedarfsfall Spürhunde einsetzen zu können, um Personen ausfindig zu machen, die Kontakt mit dem betreffenden Objekt gehabt hatten. Damit ließen sich – wenn wirklich eine Spur vorlag – manchmal unglaubliche Ergebnisse erzielen. Zum Einsatz kamen die einzigen beiden Spürhunde, die in Potsdam untergebracht waren, aber nur selten. Sofern es andere Spuren gab, konzentrierten sich die Kriminalisten darauf. Die Hunde mussten erst angefordert werden und sollten besser für besondere Fälle zur Verfügung stehen. War die Geruchsspur aber erst einmal konserviert, hatte man für den Fall, dass die Ermittlungen in eine Sackgasse steuerten, noch ein Ass im Ärmel.

Von der Krankenstation im Erdgeschoss aus informierte Kriminalhauptkommissar Mahn die Morduntersuchungskommission sowie den Leiter des Dezernats II, Gerhardt. Dann verständigte er den Staatsanwalt und orderte die Kriminaltechnik zum potenziellen Tatort. Bis alle eingetroffen waren, war es bereits 18 Uhr. Als sich dann alle Kriminalisten versammelten, um die Zusammenfassung der bisherigen Untersuchungserkenntnisse anzuhören, wurde es sehr eng im Zimmer der Verstorbenen und auf dem Flur davor.

Mahn hatte bereits alle Hände geschüttelt und beeilte sich nun mit der Übergabe. Minutiös fasste er alle bisherigen Erkenntnisse zu Opfer und Tatort zusammen, schilderte den vermuteten Tathergang und schloss: »Genaue Erstickungsursache muss durch Obduktion festgestellt werden. Fremdeinwirkung nicht auszuschließen.« Der Kriminalhauptkommissar klatschte abschließend einmal in die Hände. »Das ist der Stand.«

Der Staatsanwalt ergriff das Wort: »Klarer Fall. Wir lassen die Leiche zur Aufklärung der Todesursache in die Gerichtsmedizin verbringen, sobald sich die MUK und Kriminaltechnik ein Bild gemacht haben. Ich fahre dann gleich mit. Wenn der Gerichtsmediziner Fremdeinwirkung feststellt, sehen wir uns im Präsidium.«

Er wandte seinen Blick in Erwartung von Zustimmung dem Leiter der Morduntersuchungskommission, Günthers, zu. Der antworte mit ruhiger Stimme: »In Ordnung. Dann übernehme ich jetzt. Schauen wir uns erst einmal um und machen dann Glöckner und Holetzki Platz, damit die Tote hier bald weg kommt.«

Die beiden angesprochenen Kriminaltechniker hatten bereits die Handschuhe übergestreift und warteten im Flur darauf, zunächst all jene Spuren zu sichern, die mit Verbringung der Leiche in die Gerichtsmedizin verändert oder unzugänglich würden. MUK und Staatsanwalt warteten grundsätzlich auf grünes Licht der Spurenspezialisten, bevor sie Veränderungen an einem möglichem Tatort zuließen. Doch zunächst liefen alle anderen Kriminalisten im Raum herum und verschafften sich einen eigenen Eindruck vom Auffindort der Toten. Die Anwesenheit des Dezernatsleiters Gerhardt war dabei eigentlich nicht vorgeschrieben. Bei solchen Todesfällen bestand er aber darauf, wenn möglich selbst einen Blick auf eventuelle Szenen eines Verbrechens zu erhalten. Auch wenn seine Aufgaben hauptsächlich in der Organisation der Abläufe im Dezernat lagen, musste er ja doch Verantwortung für die Ermittlungen mittragen und hätte es für unvernünftig gehalten, in Tötungsfällen nur nach Aktenlage zu entscheiden.

Nach etwa fünf Minuten überließ man den Kriminaltechnikern den Raum. Bis zum Eintreffen des Leichenwagens mussten sie ihre Arbeit erledigt haben. Glöckner begann in schneller Folge, Aufnahmen vom Ort und der Leiche zu machen. Sein Kollege Holetzki sicherte verschiedene Spuren an der Toten. Nach einer ganzen Weile signalisierten beide, dass der Abtransport der Leiche beginnen könne. Dem Leichenwagen hinterher fuhren auch der Staatsanwalt und Kriminaloberrat Gerhardt – in Richtung Gerichtsmedizin.

Sie mussten nicht lange vor dem Obduktionsraum warten, bis der Pathologe ihnen die Tür öffnete und erklärte, dass sie beginnen könnten. Obduktionen konnten fast immer sofort durchgeführt werden. Dass eine Leiche erst einmal gekühlt in die Warteschlange geriet, war die Ausnahme, denn in der Pathologie hatte immer jemand Bereitschaftsdienst. Der Staatsanwalt wirkte während der kurzen Warteminuten dennoch unruhig.

»Ich hätte nichts dagegen, heute halbwegs rechtzeitig Feierabend zu machen. Ich hoffe wirklich, dass sich die Sache hier als Unfall herausstellt. Bis die Leichenöffnung fertig ist, dauert es ja schon eine Weile, und wenn wir danach noch die Spinnstunde machen sollen ...« Der Staatsanwalt seufzte schwer.

Gerhardt konnte den Kollegen gut verstehen. Sollte der Pathologe Hinweise auf ein Gewaltverbrechen finden, würden sie noch in dieser Nacht die Spuren und Beweise auswerten und eine Ermittlungsrichtung bestimmen müssen. Während er an das starke Herzklopfen dachte, welches ihn durch nächtliche Überstunden bei zu viel Kaffee zu begleiten pflegte, klopfte er selbst dem Kollegen auf die Schulter.

»Ich drücke auch die Daumen, glaub mir das.«

Im Obduktionszimmer stellten sich beide in etwa zwei Meter Entfernung neben den Waschtisch, um den Pathologen nicht bei der Arbeit zu behindern.

Der Raum war weiß gefliest und von oben durch Leuchtstoffröhren in warmem Weiß erhellt. Die Leiche aus dem Altersheim befand sich bereits auf dem Obduktionstisch.

Der Gerichtsmediziner zog sich die Handschuhe über und wandte sich erneut zu den Kriminalisten um: »Wenn Sie bereit sind, können wir anfangen. Ich hoffe, Sie haben Geduld. Ich muss das hier in der vorgeschriebenen Reihenfolge erledigen, auch wenn Sie es eilig haben.«

»Ist ja selbstverständlich. Fangen Sie nur an. Wir versuchen, nicht zu stören«, gab der Staatsanwalt zurück und verschränkte die Hände hinter dem Rücken.

Der Pathologe begann ohne weiteres Zögern mit der Untersuchung der Kleidung. Nach einer Weile stellte er laut fest: »Gepflegt, nicht beschädigt. Was das Seidentuch angeht, bleibt zu bedenken, dass im Kontext von möglicherweise im weiteren Verlauf der Leichenschau festzustellenden Halsverletzungen Verformungen des Stoffes interessant sein könnten. An manchen Stellen ist das Tuch stark gerafft oder geknüllt. Ich fahre jetzt mit der Entkleidung fort und beginne die eigentliche Leichenschau.«

Daraufhin legte er Notizen auf einem Block an und begann dann damit, die Tote auszuziehen. Der Pathologe machte mit einer Kamera ein Foto von der Vorderseite der Leiche und begann mit der Beschreibung des allgemeinen Eindrucks der Toten: Alter, Ernährungs- und Pflegezustand, Weichteilverhältnisse, Leichenveränderungen und viele weitere Einzelheiten. Dabei glich er seine Beobachtungen immer wieder mit einem Datenblatt ab, das die Grundinformationen zur Person enthielt. Dann ging er zur Betrachtung der Körperregionen über. Schon während der eingehenden Untersuchung der Gesichtsöffnungen hielt er inne und wandte sich den beiden Zuschauern zu.

»Ich kann verstehen, dass die UT sich in diesem Fall schwergetan hat. Lediglich in den Bindehäuten finden sich sehr klare Erstickungsmerkmale. Allerdings gibt es auch im Rachen und Nasenraum winzige Petechialblutungen.«

In Gerhardts Stimme schwang geringe Hoffnung mit, als er nachfragte: »Also? Was bedeutet das nun?«

»Also, ja, sie ist erstickt.« Der Pathologe blickte ihn verständnislos an. »Das ist zwar üblich bei gewaltsamer Atembehinderung, aber mir fehlen hier die korrespondierenden Strangulationsmale am Hals oder Hämatome im Brustbereich. Tut mir leid. Mehr kann ich erst sagen, wenn ich mit der Leichenschau durch bin. Danach mache ich den Hals auf.«

Der Kriminaloberrat seufzte und verschränkte nun auch als Geste des geduldigen Wartens die Hände hinter dem Rücken.

Vom Kopf abwärts arbeitete sich der Gerichtsmediziner weiter über Hals und Rumpf zu den Gliedmaßen hin am Körper entlang. Dann erst drehte er die Leiche, machte erneut ein Foto und untersuchte den Rücken.

»Gut.« Mit einem angestrengten Stöhnen drehte er die Leiche langsam wieder um. »Keine Hämatome. Keine Krankheitsanzeichen, die in Zusammenhang mit dem Tod stehen könnten. Wenn Sie nähertreten wollen, halten Sie sich nicht zurück. Ich beginne jetzt mit der Vorbereitung der Halssektion. Da Sie es eilig haben, werden wir wohl mit etwas mehr Blut arbeiten müssen. Ich werde nur so viel vorbereiten, dass wir noch eine Chance haben, tiefer liegende Unterblutungen zu erkennen.«

Er warf den beiden Wartenden einen ermunternden Blick zu. Der Staatsanwalt winkte ab. Gerhardt hingegen stellte sich neben den Gerichtsmediziner. Er wusste zwar nicht, was die Anmerkung zum Blut zu bedeuten hatte, aber es schreckte ihn nicht ab. Es war nicht die erste Autopsie, der er beiwohnte. Er genoss den Anblick der Fleischarbeit, das Ganze Schneiden und Sägen nicht gerade, aber interessant und aufschlussreich war es eigentlich immer.

Als der Pathologe nach den Vorbereitungsmaßnahmen endlich den Hals öffnete, beugte sich Gerhardt vor, um mehr sehen zu können. Bald jedoch begann er diesen Schritt zu bereuen, da der Mediziner die einzelnen Halsteile behutsam und nacheinander freilegte und präparierte. Das dauerte. Gerhardts Rücken begann zu schmerzen. Er wollte sich gerade wieder aufrichten, als der Gerichtsmediziner ihm mit einem Wink seines blutigen Handschuhs zu verstehen gab, dass er etwas entdeckt hatte.

»Aha. Da haben wir es ja. Sehen Sie hier?« Er deutete auf ein kleines Stück Knochen zwischen Adern und Gewebefasern. »Da ist das Zungenbein. Und es ist gebrochen. Das ist wirklich typisch für Strangulationen.«

»Also doch!«, rief Gerhardt nun erleichtert in Richtung des Staatsanwalts. Der nickte nur nüchtern.

Der Gerichtsmediziner fuhr unbeirrt fort: »Und

wenn Sie hier schauen, sehen Sie auch Verletzungen im Gewebe, die durch äußeren Druck hervorgerufen wurden. Wenn Sie sich angesichts dieser Verletzungen noch einmal das Seidentuch, das die Tote um den Hals trug, in Erinnerung rufen wollen«, er machte eine Kunstpause, »dann werden Sie es sicher wie ich für plausibel halten, dass die Verformungen des Stoffes daher rühren, dass das Tuch dort gegriffen wurden, während jemand das Opfer erdrosselte. Bei der Breite des Tuches ist eine große Auflagefläche als Ursache für die oberflächlich noch nicht erkennbaren Druckverletzungen anzunehmen. Ich gebe zu beachten, dass jemand körperlich dazu in der Lage gewesen sein muss, das Zungenbein zu brechen. Wenn sie im Altersheim suchen, dürfte ein Achtzigjähriger mit Gicht in den Händen nicht ins Täterprofil passen.«

Die beiden anderen nickten.

»Gut, dann sind wir hier erst einmal fertig und machen uns wieder auf den Weg. Wir wissen, was wir wissen wollten. Die Kollegen von der Kriminaltechnik werden sich das Tuch abholen«, erklärte Gerhardt zur Verabschiedung. »Danke so weit.«

Im Gehen wandte er sich an den Staatsanwalt: »Dann können Sie das Verfahren ja jetzt einleiten. Ich schaue mal, was MUK und Kriminaltechnik in der Zwischenzeit zustande gebracht haben.« Er warf einen Blick auf seine Armbanduhr. »Sechzehn Uhr gefunden und fünf Stunden später wissen wir endlich, ob wir überhaupt einen Mörder suchen. Die alte Dame hat es uns nicht leicht gemacht. Wir sehen uns in der Spinnstunde.«

Zuvor, gleich nachdem die Tote aus ihrem Zimmer getragen worden war, hatten sich die Kriminaltechniker wieder an die Arbeit gemacht, um mit der Sicherung der wichtigsten Spuren zu beginnen. Die Kriminalisten der Morduntersuchungskommission mussten hierfür den Raum verlassen.

Der Kommissionsleiter, Kriminalrat Günthers, rief seine beiden Kollegen im Flur zu sich. Auch wenn er seine Anweisungen knapp mitteilte, sprach er in ruhigem Ton: »So, während Glöckner und Holetzki im Zimmer beschäftigt sind, können wir uns im Rest des Hauses nützlich machen. Bis zur Spurenauswertung und bis die Obduktionsergebnisse da sind, ist noch Zeit. Bislang haben wir kaum Informationen. Wir werden daher die Kontextualisierung der Spuren vorbereiten. Sie führen bitte Befragungen der Nachbarn auf diesem Stockwerk durch. Ich gehe runter ins Erdgeschoss, schaue mir die Austragungsbücher an und spreche mit den Mitarbeitern. Sie können ja dann nachkommen, sollten Sie oben schneller fertig werden. Alles klar?«

Die Antwort seines Stellvertreters Kowalczyk kam wie aus der Pistole geschossen: »Klar.«

Günthers entschied, die Treppen zu nehmen, und ging den Flur entlang zum Treppenhaus. Die beiden anderen Ermittler entschlossen sich, die Befragungen gemeinsam durchzuführen. Eigentlich bestand die MUK aus fünf Personen. Die beiden Vernehmer waren allerdings nicht mit zum Tatort gefahren. Auf die Benachrichtigung der Arbeitsgruppe »Unnatürliche Todesfälle« hin kamen schon genug Personen am potenziellen Tatort zusammen.

Kriminalhauptkommissar Kowalczyk und sein Kollege Sommer waren für normale Befragungen jedoch nicht auf die Unterstützung professioneller Vernehmer angewiesen. Im Zimmer rechts von dem der Verstorbenen war niemand. Diesen Weg hatte ja der Hausmeister genommen. Auch im Zimmer links reagierte niemand auf das Klopfen der Ermittler. Sie gingen noch ein Zimmer weiter. Kommissar Sommer klopfte mit besonderem Nachdruck.

Wenige Sekunden später öffnete ihnen ein alter Mann. Auf einen Stock gestützt, hielt er die Tür einen Spalt breit offen und schaute hindurch. Der Geruch eines kräftigen Rasierwassers schlug den Ermittlern entgegen. Ein an den Rändern akkurat geschnittener dichter Bart von wenigen Millimetern Länge und die sehr buschigen, aber ebenfalls in der Mitte durch Rasur getrennt gehaltenen Augenbrauen deuteten darauf hin, dass der Mann erst kürzlich im Bad gewesen war. Als der Alte die beiden Herren vor seiner Tür sah, schaute er zunächst an sich herunter und begann, sein Hemd zurechtzuzupfen, und fuhr sich durchs Haar, um es aufzulockern. Als er dann noch dazu überging, sein Bein zu strecken, um seine Hose besser abklopfen zu können, hatte Kowalczyk genug.

»Guten Tag. Wir sind …«

»Nee«, unterbrach ihn der Alte harsch. »Mich interessiert wirklich mal«, er legte eine betonende Pause ein und schob seinen ohnehin leicht vorstehenden Unterkiefer noch ein Stück weiter vor, »mich interessiert, mit welcher Berechtigung, ja? So.« Er nickte den Ermittlern provozierend zu, als hätte er bereits einen Beweis gegen sie geführt oder überhaupt die Frage gestellt. »Mit welcher Berechtigung Sie eigentlich glauben, ja, so, mich hier so spät stören zu können. Ja? So.«

Kowalczyk und Sommer schauten sich mit großen Augen an. Dann ergriff Kowalczyk das Wort: »Wir sind von der Polizei, von der Kriminalpolizei, und wir haben Fragen. Es ist im Übrigen noch kaum halb sieben.«

Er zeigte seinen Ausweis vor. Der Alte blickte finster, aber verunsichert weiter durch den Spalt.

»Wissen Sie, ich habe studiert. Ja? So. Und da habe ich gelernt, skeptisch zu sein. Ja, man hat's nicht leicht, aber leicht hat's einen, wenn Sie verstehen, ja? So.«

Kommissar Sommer atmete tief durch.

Kowalczyk antwortete mit unterdrückter Ungeduld: »In Ordnung. Es ist aber wichtig, dass Sie uns einige Fragen beantworten. Wir müssen dazu weder hereinkommen noch Sie lange belästigen.«

Im Türspalt schüttelte der Alte den Kopf und drohte dabei, mit dem Unterkiefer am Rahmen anzustoßen.

»Dann machen Sie bitte einen Termin. Meine Freizeit ist mir auch wichtig. Ja? So. Es geht mir nicht gut, wenn ich keine gute Unterhaltung habe, und jetzt möchte ich lesen. Von Ihren Fragen ist mir schon ganz schwummerig. Guten Tag.«

Er nickte ihnen zu und schloss die Tür.

Den beiden Ermittlern stand der Mund offen. Verdutzt und regungslos blieben sie vor der geschlossenen Tür stehen. Dann brach die Empörung aus Kommissar Sommer heraus: »Das verstehe ich nicht. Wie kann man denn so unwirsch sein?« Fassungslosigkeit und Wut über das abweisende Verhalten des Alten schienen ihn kurzzeitig zu überwältigen: »Wir haben ihm gesagt, wir sind von der K, und er ignoriert das einfach. Warum ist der so? Ich verstehe das wirklich nicht.«

Kowalczyk versuchte, seinen Kollegen zu beruhigen: »Hmm, wir müssen das ja nicht verstehen. Aber akzeptieren werden wir es wohl vorerst müssen. Du hängst dich daran unnötig auf. Wichtig ist ja nur, dass wir jetzt mal unser Vorgehen überdenken. So kommen wir mit den älteren Herrschaften nicht zurecht. Manche werden mit dem Alter eben etwas merkwürdig. Was meinst du, wie viele Menschen hier wohnen?«

»Vielleicht fünfzig bis sechzig?«

»Was hältst du denn davon, die Bewohner unten zusammenrufen zu lassen und sie gleich gemeinsam zu befragen? Dann brauchen wir nicht ewig.«

Sommer schürzte die Lippen und schaute sich nachdenklich um. »Ja, wenn das geht. Warum nicht, oder?«

»Na, dann lass uns zu Günthers runtergehen und fragen.«

Noch immer kopfschüttelnd folgte ihm Sommer zum Fahrstuhl. Unten angekommen, fanden sie Günthers neben einer der Schwestern über das Austragungsbuch gebeugt. Sobald sie auf wenige Schritte an ihn herangekommen waren, erhob er sich.

»Was, schon fertig?«

Kowalczyk kratzte sich am Kopf. »Nein, leider nicht. Der Einzige, den wir zwei Zimmer neben dem der Toten gefunden haben, ist ein störrischer Kauz. Hat uns abgewiesen. Wir wollten vorschlagen, die anwesenden Bewohner vielleicht zentral zusammenzubringen, um sie gemeinsam befragen zu können.«

»Das wäre eher unüblich.«

»Aber es könnte sich als deutlich effektiver herausstellen. Schließlich sind nicht nur die Bewohner des gleichen Stockwerks aussagefähig, ob sie einem Fremden gesehen oder etwas Auffälliges beobachtet haben. Vielleicht bekommen wir so auch mehr über Frau Moll und ihre Lebensumstände heraus. Wir könnten auf diese Weise den Kreis der eingehend zu befragenden Personen bereits eingrenzen. Ich befürchte, sonst sind wir hier eine Woche lang mit Befragungen beschäftigt, bevor wir etwas Brauchbares zu hören kriegen«, erwiderte Kowalczyk.

Nach einer kleinen Denkpause hob der Kommissionsleiter schließlich die Schultern und willigte ein. »Warum nicht. Vielleicht kommen wir so dazu, nicht die Einzigen zu sein, die heute Abend nichts vorzuweisen haben. Denn dem Austragungsbuch lässt sich auch nur entnehmen, dass heute mehrere Personen Ausgang genommen haben. Das hilft uns vorerst nicht weiter.«

Dann wandte er sich der Schwester zu, die mitgehört hatte: »Meinen Sie, dass es möglich ist, hier unten alle anwesenden Bewohner zu versammeln, damit wir sie gemeinsam befragen können?«

Katrin nickte eifrig: »Ja, das kriegen wir sicher hin. Ich schlage vor, wir nehmen den Speisesaal. Den nutzen wir sonst auch für Veranstaltungen. Wenn die Kinder zum Singen kommen und so was. Sollen wir sie gleich mal zusammenholen?«

»Bitte tun Sie das. Wir warten hier unten.«

Es dauerte eine ganze Weile, bis sich alle Bewohner, die im Haus waren und sich gesundheitlich in der Lage fühlten, im Speisesaal eingefunden hatten. Das Küchenpersonal half mit, Tische und Stühle so zu verschieben, dass alle zirka vierzig Personen von ihren Plätzen aus die Kriminalisten halbwegs hören konnten.

Ein großer Teil der Anwesenden war sichtlich aufgeregt. Schon bei Ankunft des ersten Polizeifahrzeugs war in Einigen die Hoffnung gekeimt, sie könnten heute etwas Außergewöhnliches erleben. Es bildeten sich kleine Grüppchen von Bekannten, die angeregt darüber spekulierten, was sie nun erwartete. Doch noch ganz im Geiste einer strengen Erziehung wurde es schlagartig ruhig in den Reihen der Rentner, als Günthers vor die Versammlung trat.

Er räusperte sich. Dann begann er in betont ruhigem Ton zu sprechen: »Guten Tag, meine Damen und Herren. Ich bin Kriminalrat Günthers von der Morduntersuchungskommission des Zentralen Kriminalamtes.«

Die Zuhörer verfielen in anerkennendes Nicken, als sie den im Osten des Landes noch völlig neuen Rang hörten. Die Zivilisierung der Volkspolizeiangehörigen war noch sehr frisch.

»Meine Kollegen und ich untersuchen hier die Umstände des Todes von Frau Moll. Es gibt da einige ungeklärte Fragen, und wir hoffen, dass von Ihnen vielleicht jemand dazu beitragen kann, die Situation aufzuhellen. Wir werden Ihnen gleich ein paar Fragen stellen und bitten Sie, einfach den Arm zu heben oder sich anderweitig bemerkbar zu machen, wenn Sie etwas beitragen können. Seien Sie nicht schüchtern. Antworten Sie bitte nur auf die gestellten Fragen, damit sich diese Versammlung nicht zu lange hinzieht.«

An einem Tisch an der Seite machte sich Kowalczyk, der auch die Aufgabe des Auswerters übernahm, bereit mitzuschreiben.

Günthers schaute noch einmal auf das Blatt mit den Fragen in seiner Hand und fuhr fort: »Hat jemand gestern oder heute Vormittag etwas Ungewöhnliches oder einen Fremden gesehen? Oder ist jemandem in den letzten Tagen oder Wochen eine Veränderung in Frau Molls Verhalten aufgefallen?«

Die Anwesenden schauten sich gegenseitig an, bewegten im Nachdenken die Lippen und zuckten mit den Schultern.

»Niemandem? Hat sie sich über etwas oder jemanden beschwert? Gab es vielleicht Streit?«

Wieder erhielt er keine Antwort.

Günthers wartete ab und ließ den Blick durch die Reihen schweifen. Er bemühte sich dabei besonders, einen freundlichen und ermunternden Gesichtsausdruck zu behalten. Einige der älteren Leute wichen seinem Blick aus, als hätte ein Lehrer in der Schule eine Frage an die ganze Klasse gestellt und sie müssten vermeiden, einzeln aufgerufen zu werden. In der vorletzten Reihe aber fiel ihm eine Frau auf, die immer wieder abwechselnd Blickkontakt suchte und dann wieder wegschaute.

»Entschuldigen Sie?«, versuchte der Kriminalist, ihre Aufmerksamkeit zu erlangen, »Sie da in der vorletzten Reihe. Ja, genau. Wissen Sie etwas über irgendwelchen Ärger, den Frau Moll zuletzt hatte?«

Die Angesprochene richtete sich zögerlich auf und benetzte ihre Lippen. Während des Sprechens geriet sie immer wieder ins Stocken und ließ so keine

Zweifel daran, dass es sie nervös machte, hier vor allen Heimbewohnern Aussagen vor der Polizei zu machen.

»Ich will ja hier keinem etwas Übles nachsagen. Ich bin ganz gewiss keine Klatschbase. Das wäre sonst überhaupt nicht meine Art, aber wenn Sie von der Mordpolizei sind, muss es ja wichtig sein.«

»Ganz richtig. Wir sind von der Morduntersuchungskommission der Kriminalpolizei. Und ich bitte Sie sogar ausdrücklich darum zu sagen, wenn Sie etwas wissen«, ermutigte sie der Kriminalrat.

»Ja, da war nämlich doch eine Veränderung. Die Frau Moll hat lange die Essenszeiten mit dem Herrn Volnitz verbracht. Und auch die Ausgänge haben die doch immer gemeinsam unternommen. Und da hat man sich doch auch selbst für die beiden gefreut, nicht? Deshalb weiß ich das noch. Ich bin ja nun schon lange allein. Da merkt man sich, wenn sich in unserem Alter noch zwei finden, nicht?« Sie schaute sich in der Hoffnung auf Bestätigung um. Einige andere nickten tatsächlich.

Günthers mischte sich ein: »Frau Moll hatte also ein Verhältnis, verstehe ich das richtig? Mit einem Bewohner?«

»Ja, mit dem Herrn Volnitz. Das sage ich ja. Der ist jetzt wohl nicht hier, sonst könnte er ja selber reden. Aber das ist ja nun wohl vorbei, denke ich. Denn das sind doch jetzt bestimmt schon zwei Wochen, dass die Frau Moll mit einem Neuen gegessen hat. Ich kenne den Namen noch gar nicht, also, den vom neuen Kavalier. Aber sie und der Volnitz haben jedenfalls gar nicht mehr miteinander geredet seitdem.«

Günthers war hellhörig geworden und stellte mit

einem Seitenblick zu Kowalczyk sicher, dass dieser auch alles notierte. Er wandte sich an die gesamte Versammlung: »Können Sie das bestätigen?«

Viele der Anwesenden nickten ihm zu. Ein älterer Herr weiter vorne warf sogar mit missgünstigem Unterton ein: »Der Volnitz ist doch vorher sogar manchmal zur Moll gefenstert. Damit ist dann wohl Schluss.«

»Gefenstert?«, hakte Günthers nach. »Was soll das bedeuten?«

Der Alte schaute ihn an, als könne er nicht fassen, dass jemand so eine Frage stellte: »Na, der ist über'n Balkon zu ihr, wenn's schon spät war. Die haben doch auf derselben Etage gewohnt. Das war ja eigentlich ungeheuerlich. Ich hab da nichts gesagt, weil die Sache ja schon peinlich genug ist, oder nicht?«

Langsam verschränkte Günthers die Arme und setzte ein nachdenkliches Gesicht auf.

»Danke. Gab es denn deswegen einen offenen Streit zwischen Frau Moll und dem Herrn Volnitz?«

»Davon weiß ich nichts. Geht mich auch nichts an«, antwortete der Alte mürrisch, obwohl die Frage an alle gerichtet war. Aber auch der Rest der Anwesenden schüttelte den Kopf.

»Und der neue Freund von Frau Moll, ist der auch nicht hier?«

»Der hat noch Ausgang«, antwortete die Schwester hinter Günthers. Der bemerkte, wie die alten Leute seit der Erwähnung des Fensterns in Aufregung gerieten und zu tuscheln begannen.

»Bitte haben Sie noch etwas Geduld«, versuchte der Kriminalrat die Menge zu beschwichtigen. »Hat

Frau Moll denn zuletzt einen glücklichen Eindruck gemacht?«

Die Dame aus der vorletzten Reihe antworte diesmal weniger zögerlich: »Aber ja. Ich denke, sie war wohl ganz glücklich mit dem anderen, nicht?«

»In Ordnung. Gab es denn auch Streit oder ein schwieriges Verhältnis zwischen Frau Moll und einer anderen Person, von dem jemand weiß?«

Er ließ den Leuten Zeit, sich zu beraten. Letztendlich verneinten aber viele durch Kopfschütteln.

»Na gut.« Günthers glaubte inzwischen, sein Pulver verschossen zu haben. Mit gesenktem Kopf schaute er vor sich auf den Boden, während er über eine Frage nachgrübelte, die er noch vergessen haben könnte. Als er den Kopf wieder hob, schauten ihn alle gespannt an.

»Ich denke, das war es dann erst einmal. Vielen Dank Ihnen allen für Ihre Mitarbeit.«

Die Ersten begannen, ihre Stühle zu rücken. Da erhob der Kommissionsleiter noch einmal die Stimme: »Einen Moment noch. Da ist noch eine Kleinigkeit. Weiß vielleicht jemand, ob Frau Moll häufig einen Seidenschal trug oder so ein Tuch aus leichtem Stoff?«

Diese Frage löste erneutes Getuschel, aber auch Schulterzucken aus.

»Ich frage einmal anders«, griff Günthers ein. »Kann irgend jemand unter Ihnen bestätigen, dass sie öfter einen Seidenschal trug?« Er drehte sich in alle Richtungen, um keine Wortmeldung zu verpassen.

Nach einigen Sekunden schüttelten die meisten den Kopf oder schauten verunsichert umher.

»Na gut. Dann war es das jetzt wirklich. Also danke noch einmal.«

Günthers deutete seinen Kollegen sowie der wartenden Schwester Katrin mit einer Geste, ihm zu folgen. Einige Schritte abseits der sich langsam auflösenden Versammlung fanden sich alle drei bei ihm ein.

»Das hat uns einige Anhaltspunkte verschafft. Schwester, was können Sie zu dem Herrn Volnitz oder dem neuen Verhältnis von Frau Moll sagen? Ist Ihnen zum Fenstern etwas bekannt?«

Katrin geriet wieder in unnötig große Aufregung: »Also, ja. Der Herr Volnitz wohnt auch in der dritten Etage. Die beiden haben oft zusammen gegessen, das hab ich auch gesehen. Puh, aber ich hab doch nicht genau darauf geachtet. Also wann die sich wie, wo gestritten haben, kann ich nicht sagen. Ja, und wegen des Fensterns – das ist bei unseren Balkonen schon möglich. Die sind ja nur durch so kleine Abteilwände voneinander abgetrennt. Die gehen höchstens bis zur Hüfte. Ich wusste aber nicht, dass die alten Leute so etwas machen. Ja, und der andere? Ich nehme an, das wird der Herr Wiese sein. Auch dritter Stock. Der ist seit ein paar Wochen neu bei uns.«

Kowalczyk notierte eilig den Namen. Katrin tupfte sich mit einem Taschentuch den Schweiß von der Stirn, erhielt jedoch gleich die nächste Frage.

»Und Sie können auch nichts zu dem Seidentuch um den Hals der Toten sagen? Ist hier jemand besonders bekannt dafür, so etwas zu tragen?«

»Na, Sie fragen mich Sachen! Tut mir leid, das weiß ich leider nicht. So etwas tragen bestimmt manche der Bewohner. Wirklich, so ein Tuch oder ein Schal ist doch nichts Besonders.«

»Schon gut. Schon gut.« Günthers winkte ab.

»Dann gehen wir jetzt wieder nach oben. Wären Sie so freundlich, noch ein letztes Mal mitzukommen und uns die Zimmer der Herren Volnitz und Wiese zu zeigen?«

Günthers ging noch einmal zum Austragungsbuch und überprüfte, für welche Zeit Herr Wiese seine Rückkehr angekündigt hatte.

»Oh, hier hat er vermerkt, dass er erst morgen gegen eins wieder da sein wird.« Er schaute auf seine Armbanduhr. »Hm, schon fast neun. Wann soll denn der Volnitz wiederkommen?«

Günthers fuhr mit dem Finger über die Namen.

»Hier: Volnitz, zehn Uhr abends.« Günthers überlegte kurz. »Ich würde sagen, dass wir nicht auf ihn warten. Lasst uns stattdessen erst mal schauen, wo die Leute wohnen, und dann werfen wir einen Blick rein zu den Kriminaltechnikern, wie weit die mit ihrer Arbeit vorangekommen sind. Danach geht's zurück ins Präsidium.«

Im dritten Stock brachte Schwester Katrin die drei Kriminalisten zunächst zur Tür von Herrn Volnitz. Der wohnte nur zwei Räume weiter, rechts von Frau Moll.

Kowalczyk war erstaunt: »Ach nee! So nah wohnen die beieinander?«

»Der hätte es nicht weit gehabt mit seiner Kletterei«, meinte Sommer.

Zum Zimmer von Herrn Wiese mussten sie einige Schritte mehr gehen. Er wohnte am Ende des Ganges. Kowalczyk notierte die Zimmernummern.

Sobald die Leiche abtransportiert worden war und sie den Raum endlich für sich hatten, verfielen die Kriminaltechniker in ihren Arbeitsmodus. Erst wenn sie wussten, dass niemand mehr hereinplatzen und Spuren verunreinigen würde, konnten sie sich ganz auf ihre Arbeit konzentrieren. Sie stellten sich zuerst eine Minute lang in den Raum und registrierten so viele Einzelheiten, wie sie konnten. Erst dann begannen sie damit, systematisch Spuren zu sichern. Die Leiche hatten sie ja schon unter Zeitdruck untersuchen müssen. Fotos, Gewebe unter den Fingernägeln, Untersuchung der Kleidung auf Spuren und fremde Fasern – das alles hatten sie so schnell sie konnten erledigt, denn sie wussten, der Gerichtsmediziner würde sie sich auch noch einmal ansehen. Für den Raum aber wollten sie sich jetzt die Ruhe nehmen, die nötig war, um nichts zu übersehen und Zusammenhänge zu erkennen.

Glöckner hatte schon vor dem Abtransport der Toten Aufnahmen des Raumes gemacht, auch vom Boden. Das war Grundlage des Fundortuntersuchungsprotokolls, das ein wirklichkeitsgetreues Bild eines möglichen Tatorts sowie das Ergebnis seiner Untersuchung vermitteln sollte, damit es auch vor Gericht verwendet werden konnte. Jetzt war er angehalten, den Boden auf Abdrücke oder Partikel zu überprüfen, die möglicherweise mit den Schuhen in den Raum hineingetragen worden waren. Ein Unterfangen, das – nachdem bereits so viele Personen den Raum betreten hatten – kaum Aussicht auf Erfolg bot. Holetzki zeigte sich mürrisch, als er, einen Fuß vor den anderen setzend, in gebückter Haltung den Raum abschritt.

»Die Nadel im Heuhaufen, das wär mal 'ne Aufgabe. Wir wissen ja nicht mal, was wir suchen, und wenn wir etwas finden, ist es mit großer Wahrscheinlichkeit von 'nem Kollegen«, murmelte er.

Glöckner antwortete in beschwichtigendem Ton: »Sieh es mal so: Wenn wir hier Teppich hätten anstelle des Linoleums, dann könnten wir inzwischen Hunderte Fußabdrücke kartografieren und abgleichen. Es hat in den letzten Tagen nicht geregnet, und der Boden scheint kürzlich gesäubert worden zu sein. Kein Staub. Also werden wir wohl kaum brauchbare Schuhprofile finden.« Glöckner zuckte mit den Schultern. »Ich nehme die Seite zwischen Sessel und Balkontür, damit wir dann gleich mit den Fingerspuren anfangen können.«

Tatsächlich beendeten beide ihre Suche am Boden ohne brauchbares Ergebnis und wandten sich deshalb den aussichtsreicheren Spuren zu. Schon die Kollegen von der UT hatten Fingerabdrücke an den Gläsern auf dem Tisch und an der Balkontür erkannt. Die galt es nun zu sichern.

»Lässt du mich?« Holetzki schaute seinen Kollegen erwartungsvoll an. Die Daktyloskopie war so etwas wie sein Spezialgebiet. Dem kräftigen Mann mit der lockeren Zunge traute man bei der ersten Begegnung kaum einen Hang zur Kleinstarbeit zu. Doch natürlich war er nicht grundlos Kriminaltechniker geworden. Man hatte während des Polizeidienstes seine scharfe Beobachtungsgabe bemerkt und ihm daher angeboten, die Ausbildung zum Kriminaltechniker zu beginnen. Holetzki blickte damals nicht gerade mit Freude auf zwei Jahre des Büffelns. Die Vorstellung, danach ein Spezialist zu sein, genügte ihm aber zur Motivation. Unter den vielen Lektionen, die er erhielt, hinterließ eine besonderen Eindruck: die Daktyloskopie. Die Entfaltung der Papillarleisten an den Fingern von Embryos und die Tatsache, dass deren Form selbst bei eineiigen Zwillingen nicht gleich ist, faszinierten ihn.

Seit er davon gehört hatte, beschäftigte sich Holetzki auch neben der Ausbildung mit der Daktyloskopie. Ihn erstaunte, wie sich selbst in diesem Bereich die Politik wiederfand. Die Umstände, unter denen die Fingerabdrucksammlungen in der sowjetischen Besatzungszone und der frühen DDR aufgebaut worden waren, zeigten sich spannender und lebensnäher als erwartet. Eine der ersten Handlungen der damaligen Genossen hatte darin bestanden, die Sammlungen der Nazis von allen Abdrücken zu befreien, die aus politischen oder rassistischen Motiven angelegt worden waren. Man brauchte zwar eine Grundlage für die Daktyloskopie, aber die Kriminalistik eines antifaschistischen Deutschlands sollte nicht auf das Datenfundament von Rassenkunde und Gestapo-Willkür gegründet werden. Der Abgleich von aktuellen Fingerspuren mit den Sammlungsbeständen hatte für Holetzki seitdem immer etwas Geschichtliches. Die Tausende gesammelten Abdrücke waren einzigartige Spuren echter Menschen.

Diese Tatsache im Hinterkopf, erschien dem angehenden Kriminaltechniker seine Tätigkeit besonders bedeutungsvoll. Nach der Ausbildungszeit versuchte Holetzki daher auch, so oft es ging derjenige zu sein, der die daktyloskopischen Spuren sicherte. Mit Glöckner bestand dahingehend bereits eine Übereinkunft. Holetzkis Frage war lediglich eine Formalie.

Schon während er sie aussprach, hatte er das Rußpulver und den feinen Pinsel in der Hand.

Auf Glöckners Nicken hin begann er, den Raum zu sondieren. Bevor Holetzki jedoch einen Abdruck nahm, versuchte er, sich auf Basis der bekannten Fakten mögliche Geschehensabläufe am Untersuchungsort vorzustellen. In diesem Fall war leider so gut wie nichts bekannt. Dem Kriminaltechniker blieb also bloß, sich die graue Silhouette eines Menschen ohne weitere Eigenschaften vorzustellen. Jemanden, der die Absicht hat, die alte Frau zu töten.

Für dieses Gedankenspiel hatte sich Holetzki angewöhnt, sich die Hände von Personen leuchtend vorzustellen. Im Kopf ging er verschiedene Szenarien durch: wie jemand zur Tür hereinkommt oder über den Balkon, wie jemand sich an den Tisch setzt oder wie die Schattenperson mit dem Opfer streitet. Wann immer in einem der Szenarien die leuchtenden Hände etwas berührten, ging Holetzki zum entsprechenden Gegenstand und hielt seine Hand davor, um den realistischen Griff oder die Fingerpositionen nachzustellen. Dabei achtete er genaustens darauf, nichts zu berühren. Letztendlich ordnete er den Raum in Bereiche, die daktyloskopisch von besonderem Interesse waren: Balkontür, Wohnungstür, Tisch und Sessel.

Wie erwartet, zeichneten sich am Türrahmen und Griff verschiedene Abdrücke ab. Mit dem feinhaarigen Pinsel trug Holetzki vorsichtig das Rußpulver auf. Allerdings schien die Tür erst vor wenigen Tagen gereinigt worden zu sein, denn abgesehen von jüngeren Fingerspuren um den Griff herum gab es keine verwertbaren Partikel oder Abdrücke auf der

Türoberfläche festzustellen. Holetzki begann, die sichtbar gemachten Spuren mit Hilfe eines extrem feinen Fehhaarpinsels auszukehren, um die Zwischenräume der Papillarleisten scharf abzugrenzen. Dabei hielt er die Luft an, um durch seine Atembewegungen die eigenen Hand nicht in Unruhe zu bringen. Dann ging er ein paar Schritte zurück, um Glöckner Platz für zwei Aufnahmen der Spuren zu machen. Die Positionen der einzelnen Abdrücke mussten nachvollziehbar sein, um in einem Verfahren möglichst große Aussagekraft zu besitzen. Dazu gehörte, dass Holetzki eine Griffskizze der Spuren anfertigte, die auch ihre Lage auf der Tür kenntlich machte.

Nachdem sie mit Foto und Skizze fertig waren, fixierte Holetzki mir ruhiger Hand die einzelnen Abdrücke jeweils auf der Gelatineschicht eines Stücks der dreilagigen Transparentfolie, löste sie mit einer Pinzette ab und legte sie nummeriert und mit der entsprechenden Griffskizze in einer Mappe ab. In dieser Mappe befand sich das Protokoll der kriminaltechnischen Tatortarbeit, in dem so präzise und umfangreich wie möglich Ablauf und Ergebnisse der Spurensicherung festgehalten werden mussten. Die Schreibarbeit übernahm in diesem Fall Glöckner.

Die Sicherung und Protokollierung einer einzigen Spur konnte also einige Zeit in Anspruch nehmen. Diesen Vorgang wiederholten die beiden Kriminaltechniker auch an der Wohnungstür und dem Sessel. Auf dem Sitzmöbel konnte Glöckner einige Haare sicherstellen, von denen sich nicht sagen ließ, ob sie von der Toten stammten. Sie waren grau, was in einem Altenheim ja keineswegs bemerkenswert war. Im

Anschluss daran wandte sich Holetzki den Gläsern auf dem Tisch zu.

»Kannst du mal das Licht ausmachen?« Er hielt bereits die Taschenlampe in der Hand. Nachdem sein Kollege das Oberlicht ausgeschaltet hatte, knipste er sie an und leuchtete schräg von der Seite durch die Gläser. Ein paar Mal wechselte er die Einstrahlungsrichtung und bewegte den Kopf. Dann wandte er sich mit hörbarer Zufriedenheit an Glöckner: »Kannst das Licht wieder anmachen.« Er richtete sich auf.

»Das sieht doch sehr gut aus. Die Gläser sind außen trocken, eine eingestäubte Spur wird uns also nicht verlaufen. Und wenn mich nicht alles täuscht, sind die Gläser von zwei verschiedenen Personen angefasst worden. Können wir drauf wetten, wenn du willst.«

Glöckner verzog mit väterlicher Geduld die Mundwinkel. Diese kleinen Prahlereien seines Kollegen waren ihm nur zu geläufig.

»Nein danke. Das werden wir ja ohnehin noch genau analysieren. Wenn du recht hast, bestätigt das wenigstens die Vermutung der UT, dass hier noch einer war.«

Holetzki presste hörbar Luft durch die Lippen.

»Na klar hab ich recht. Ich behaupte ja nicht zu wissen, wer genau die Spuren verursacht hat, aber dass sie nicht nur einer Person gehören, ist unschwer zu erraten. Bestimmt finden sich beide Sorten Spuren auch auf den anderen Objekten, aber hier an den Gläsern kann man sie schön nebeneinander vergleichen. Im einen Fall haben wir deutlich breitere Abdruckflächen mit einer stärkeren Krümmung des ersten Zeigefingergliedes. Einmal angenommen, das wäre durch Unterschiede in der aufgewendeten Griffkraft derselben Person zu erklären, dann gäbe es aber noch ein weiteres sicheres Zeichen. Und dafür brauchen wir noch gar keine eingehende Lagebestimmung der Minuzien oder eine Analyse der Papillarleistengrundmuster. Die Daumenabdrücke auf dem einen Glas hier zeigen nämlich eine breite Beugefalte unter schön ausgeprägten Stauchfalten, die auf dem anderen Glas definitiv nicht zu finden sind. Eine kräftige alte Hand, würde ich vermuten. Oder vielleicht häufiger Kontakt mit wässrigen Lösungen. Ich stäube mal ein, dann wirst du es auch sehen.«

Nachdem Holetzki das Rußpulver aufgetragen und die Spuren ausgekehrt hatte, ließ er es sich nicht nehmen, dem Kollegen noch einmal genau zu zeigen, was er unter dem Licht entdeckt hatte. Glöckner konnte sich seiner Einschätzung nur anschließen. Gemeinsam erweiterten sie das Protokoll um die letzten Einträge und Spurennachweise und traten dann auf den Balkon, um etwas Luft zu schnappen. Draußen hatte sich die Sonne bereits weit gesenkt. Die Kriminaltechniker ließen den Blick über Berlin bei Sonnenuntergang schweifen. Ihnen blieb allerdings nicht viel Zeit, um sich auszuruhen. Von drinnen hörten sie Schritte. Durch die gläserne Balkontür konnten sie erkennen, dass Günthers den Raum betreten hatte.

Holetzki stieß mit dem Handschuh die Balkontür auf.

»Na, was gibt's? Wir sind hier mit dem Wichtigsten durch.«

»Das passt ja.« Der Leiter der Morduntersuchungskommission schien zufrieden zu sein. »Wir haben

Hinweise auf mögliche Verdächtige. Habt ihr was Besonderes gefunden?«

Glöckner schüttelte den Kopf, aber Holetzki wiegte seinen von einer Seite auf die andere.

»Na ja. Fingerspuren von mehreren Personen. Ansonsten ein paar Haare. Mit einem Verdächtigen und Vergleichsmöglichkeiten kann man vielleicht etwas daraus machen.«

»Dann schauen wir doch mal, ob die Pathologie mehr Licht auf den Vorfall wirft. Fahren wir zurück ins Präsidium.«

Holetzki und Glöckner sammelten ihre Unterlagen und Werkzeuge ein, dann folgten sie der MUK nach unten zu den Wagen.

Zurück im Präsidium beraumte Kriminaloberrat Gerhardt eine Lagebeurteilung für 23 Uhr an. Diese unter den Kollegen »Spinnstunde« genannten Besprechungen dienten der Zusammenführung der einzelnen Ermittlungsergebnisse, die im Beschluss einer Hauptermittlungsrichtung mündeten. Alle Anwesenden taten dazu ihr gesamtes Wissen zum Fall kund; alles kam auf den Tisch. Wer zu diesem Zeitpunkt Informationen zurückbehalten hätte und hoffte, dadurch später bei der Lösung des Falles zu glänzen und zügiger befördert zu werden, hätte bei der MUK und im Dezernat II nie mehr arbeiten dürfen.

An der Spinnstunde nahmen der Leiter des Dezernats, Leiter und Auswerter der Morduntersuchungskommission, der Staatsanwalt und die Kriminaltechniker teil. Dies sollte sicherstellen, dass sich Expertenwissen und Details für alle klären ließen und

Versionen des Tathergangs unter den bestmöglichen Informationsbedingungen im Kollektiv erarbeitet werden konnten.

Die sechs Männer saßen sich bei gelbem Licht der Leuchtstoffröhren am Konferenztisch gegenüber. In der Mitte des Tisches stand eine von Tassen umstellte frische Kanne Kaffee, welche die Anwesenden auch nach einem langen Tag durch die Nacht bringen sollte. Eines der Fenster des Raumes war angeklappt, so dass etwas kühle Luft hereinziehen konnte. Dadurch gerieten auch die Schwaden aus Zigarettenqualm in Bewegung, die unter der Decke waberten. Da Gerhardt der Erste im Raum war, hatte er bereits angefangen zu rauchen, während er auf die Ankunft der Kollegen wartete. In Vorbereitung auf eine lange Nacht hatte er sich extra noch eine Schachtel Juwel besorgt, bevor er zur Versammlung aufgebrochen war.

Nachdem sich alle einen Kaffee eingegossen hatten und der Auswerter der MUK anzeigte, dass er bereit war, Protokoll zu führen, eröffnete Gerhardt die Lagebeurteilung.

»So. Wie ihr inzwischen mitbekommen habt, hat die Gerichtsmedizin einen gewaltsamen Tod bestätigt. Gebrochenes Zungenbein und tiefliegende Blutergüsse zeigen Erwürgen oder Erdrosseln an. Ein Seidenschal, den die Tote um den Hals trug, kommt als Tötungswerkzeug infrage. Der Gerichtsmediziner hat auf die notwendige Kraft in den Händen des Täters hingewiesen. Wie lauten die bisherigen Erkenntnisse der MUK?«

Kriminalrat Günthers hatte seine Unterlagen bereits vor sich aufgeschlagen und antwortete in sachlichem, ruhigem Tonfall: »Eine durchgeführte Gruppenbefragung der anwesenden Heimbewohner hat ergeben, dass die Tote keine Anzeichen für eine Suizidabsicht gezeigt hat. Das bestätigt auch die Pflegerin, die die Tote gefunden hat.«

Während Günthers weitersprach, legte Gerhardt die Stirn in Falten.

»In der Gruppenbefragung wurde außerdem ausgesagt, dass Frau Moll, die Tote, etwa ein halbes Jahr lang ein Verhältnis mit einem Bewohner auf ihrer Etage hatte, einem Herrn Volnitz. Der hatte heute allerdings Ausgang. Die Bewohner sagten aus, dass das Verhältnis der beiden vor etwa zwei Wochen geendet habe. Sie aßen nicht mehr gemeinsam und nahmen seitdem ihren Ausgang getrennt. Offener Streit ist jedoch niemandem aufgefallen. Grund für die Trennung könnte ein neues Verhältnis der Frau Moll mit einem Herrn Wiese sein, der ebenfalls auf der dritten Etage wohnt. Der hatte leider ebenfalls Ausgang und wird erst morgen zurückerwartet. Sonst gab es keine Berichte von Streitigkeiten zwischen der Toten und anderen Bewohnern. Der Schal ist niemandem bekannt.« Günthers räusperte sich und fuhr fort: »Es gibt allerdings noch eine interessante Sache: Einer der Bewohner sagte aus, dass der Volnitz wohl schon früher nachts über den Balkon in Frau Molls Zimmer gelangt sei, als beide noch ein Verhältnis zueinander unterhielten. Wir haben ja gesehen, dass die Balkonabteile das möglich machen, da die Trennwände relativ niedrig angebracht sind.«

Er ließ einen gründlichen Blick über seine Notizen schweifen, dann schaute Günthers auf und erklärte seine Ausführungen für beendet. Dabei fiel ihm auf, dass der Dezernatsleiter allem Anschein nach unzufrieden war. Gerhardt hatte sich schon wieder eine Zigarette angezündet und schien nur darauf gewartet zu haben, dass Günthers fertig wurde, um nun die Stimme zu erheben.

»Entschuldige mal, aber warum habt ihr das als Gruppenbefragung gemacht? Seit wann machen wir denn so was?«

Der verdutzte MUK-Leiter reagierte defensiv: »Nun, wir hatten keine Anhaltspunkte, um Verdächtige einzugrenzen. Die einzige auf der Etage anzutreffende Person zeigte sich unkooperativ, um nicht zu sagen abweisend. Wir wollten heute noch Erkenntnisse.«

Gerhardt nickte mit unterdrücktem Zorn und presste hervor: »Das kann ich mir schon vorstellen. Der Grund dafür, dass wir uns normalerweise den Aufwand von Einzelbefragungen machen, ist doch aber der, dass wir Gefährdungen für die Ermittlungen ausschließen wollen. Was, wenn bei der Sammelbefragung der Täter oder ein Komplize anwesend war und gezielt Falschinformationen verbreitet hat? Was, wenn wir bei späteren Befragungen keine Widersprüche in den Aussagen mehr aufzeigen können, weil die scheinbar gemeingültigen Informationen bereits kursiert sind? Was, wenn die Aussagen durch gegenseitige Beeinflussung verfälscht sind? Ich kann wirklich nur hoffen, dass der oder die Täter nicht anwesend gewesen sind und uns diese Unachtsamkeit nicht noch auf die Füße fällt.«

Nach dieser Rüge wirkte Günthers betreten. Er atmete tief und langsam, als wollte er sich beruhigen.

Nach ein paar Sekunden der Stille beschloss Gerhardt, die Sache nicht zum Drama ausarten zu lassen. In versöhnlichem Ton fuhr er fort: »Jetzt konzentrieren wir uns aber erst einmal wieder auf die Erstellung einer Version. Und da ist der alte Mann über den Balkon geklettert?«

»Ja, sollte man nicht annehmen. Aber anscheinend war er agil genug und hat sich so vielleicht mehr Privatsphäre erhofft«, erwiderte Kowalczyk.

Gerhardt schmunzelte. »Letztendlich haben es die Leute ja doch alle gewusst. Was hat die Spurensuche ergeben?«

Als Ranghöherer antwortete Holetzki: »Nun, da Glöckner bislang noch keine Zeit hatte, die Fotos zu entwickeln, müssen wir wohl unsere Vorstellungskraft einsetzten. Ich kann lediglich die Griffskizzen hier anbieten.«

Damit öffnete er die Protokollmappe und ließ sie in der Runde herumgehen.

»Wir haben natürlich Fingerspuren so ziemlich überall. Der Großteil scheint von derselben Person zu stammen. Ein Abgleich mit den Abdrücken der Toten steht noch aus, aber wir dürfen annehmen, dass es sich um ihre eigenen handelt. An Balkontür, Wohnungstür, Sessel und an den Wassergläsern auf dem Tisch haben wir aber auch andere Abdrücke gefunden. Wir gehen davon aus, dass sich wenigstens eine weitere Person im Raum aufgehalten haben muss. Die daktyloskopischen Spuren dürften nach ordnungsgemäßer Analyse im Abgleich mit Fingerabdrücken von Verdächtigen ausreichen, um Anwesenheit in den letzten vierundzwanzig Stunden nachzuweisen. Ansonsten wurde das Apartment wohl erst kürzlich gereinigt. Deshalb können wir nicht mit Fußabdrücken dienen. Aber ein paar graue Haare haben wir am Sessel sichergestellt.« Holetzki machte eine Pause. »Ach, da ist noch eine Sache: Meine vorläufige Vermutung lautet, dass die Abdrücke am Wasserglas zu einer kräftigen, alten Hand oder einer Hand, die häufig Kontakt mit wässrigen Lösungen hatte, gehört. Eine Arbeiterpranke oder die vom Spülwasser gezeichnete Hand einer Küchenkraft. Aber wie gesagt, eine eingehende Analyse steht noch aus. Diese Vermutungen sind noch nicht belastbar. Wir brauchen Vergleichsabdrücke.«

Günthers, der sich wieder gefangen hatte, erwiderte mit neuem Elan: »Die Kollegen von der UT haben eine Geruchsspur gesichert. Wir könnten im Zweifelsfall mit einem Hund durch das Heim gehen.«

Alle am Tisch stimmten zu. Die Trumpfkarte Spürhund erzeugte immer etwas Zuversicht.

Der Staatsanwalt hakte trotzdem nach: »Das sind zwar gute Ansätze, aber können wir noch mal mögliche Tatmotive besprechen? Die Hunde können wir schließlich heute Abend nicht mehr einsetzen.«

Der Rest der Runde stimmte ihm zu. Erst sollte ein Punkt abgeschlossen werden. Daher beeilte sich Günthers zu antworten: »Bei der aktuellen Informationslage kommen nur die beiden Männer in Betracht, mit denen die Tote ein Verhältnis unterhielt. Dieser«, er las in seinen Notizen nach, »dieser Volnitz könnte die Trennung oder den neuen Mann an Frau Molls Seite nicht ertragen haben. Der aktuelle Liebhaber kommt zwar auch infrage, aber darauf deutet weniger hin.«

»Hmm, das ist alles etwas wenig«, warf Gerhardt ein und nahm die Vertreter von MUK und Kriminaltechnik in den Blick: »Gebt ihr mir bitte mal die Untersuchungs- und Gesprächsprotokolle rüber? Welche Version würdet ihr denn annehmen?«

Während der Dezernatsleiter die ihm zugeschobenen Protokolle studierte, berieten sich Holetzki, Günthers und Kowalczyk, um eine Tatversion zu entwerfen.

Nach einer Weile richtete sich Günthers wieder an alle: »Unter Berücksichtigung der Fingerspuren wäre eine Version, dass Frau Moll am frühen Nachmittag Besuch von einem ihrer Liebhaber erhalten hat. Sie könnte ihn sowohl durch die Tür hereingelassen haben, aber er könnte genauso gut durch den Balkon eingestiegen sein. Dann bot sie dem Besucher ein Glas Wasser an, das auch getrunken wurde. Der Mord geschah also nicht sofort. Aufgrund eines Streites oder geplantermaßen erwürgte der Täter die Frau mit einem Seidenschal, der entweder mitgebracht worden war oder dem Opfer gehörte und damit bereits im Zimmer lag. Dann verschloss der Täter die Tür oder ließ sie verschlossen und flüchtete anschließend über den Balkon. Ein Bewohner von einer anderen Etage ist also sehr unwahrscheinlich. Beide Männer hatten ihren Balkon im selben Stockwerk wie das Opfer. Allerdings beschreiben Zeugen das Verhältnis von Herrn Wiese und Frau Moll vor ihrem Tod als sehr harmonisch. Der verlassene Volnitz hatte am wahrscheinlichsten Grund zu einer Eifersuchtstat. Außerdem ist sein Zimmer nur durch eine weitere Wohnung von der des Opfers getrennt. Die Flucht wäre ihm also leichter und schneller gelungen, was eher erklären würde, dass ihn niemand bei der Flucht entdeckt hat. Wir schlagen für eine Hauptversion also vor, ihn als Verdächtigen zu überprüfen.«

Als er fertig war, faltete Günthers die Hände vor dem Bauch und wartete auf die Reaktion von Staatsanwalt und Dezernatsleiter. Denn diese beiden mussten letztendlich die Hauptversion bestätigen. Der Staatsanwalt nickte bereits angetan. Gerhardt brauchte aber noch ein paar Minuten, bis er die Protokolle fertig durchgesehen hatte. Das erzeugte eine erwartungsvolle Stimmung. Die Kriminalisten nutzten die Zeit, um Kaffee zu trinken und zu rauchen.

Als Gerhardt fertig war, hob er den Kopf und fragte sicherheitshalber noch einmal nach: »Hat jeder alle Information offengelegt?«

Die Kollegen nickten einstimmig.

»Also gut, dann gehen alle Ermittlungen in die von Kriminalrat Günthers vorgeschlagene Richtung, einverstanden?« Er wandte sich dem Staatsanwalt zu. Der gab ohne zu zögern sein Einverständnis.

»Dann holt euch mal den Volnitz zur Vernehmung, und wir sind für heute durch. Kowalczyk legt den Vorgang an. Ermittlungsverfahren, Anzeige«, schloss Gerhardt die Versammlung.

Allen war die Müdigkeit bereits anzusehen. Das von oben kommende Licht ließ die Augenringe der erschöpften Truppe noch tiefer erscheinen und gab der im dichten Zigarettenrauch liegenden Szenerie zusätzlich etwas Düsteres.

Früh am nächsten Morgen holte die MUK den Verdächtigen zur Erstvernehmung aus dem Heim ab und fuhr ihn direkt ins Präsidium. Als die Kriminalisten Volnitz vor seinem Zimmer dazu aufgefordert hatten, ihnen zu folgen, reagierte er empört. Doch das war meist der Fall, ob jemand nun unschuldig war oder nicht. Sobald man ihm erklärt hatte, dass er zum Tod von Frau Moll befragt werden solle, beruhigte er sich schnell.

Sommer war sich sicher, dass er den Mann am Vortag bei der Befragung im Heim nicht gesehen hatte. Eigentlich war Herr Volnitz völlig unauffällig: Ein Kranz aus weißem Haar um die Halbglatze herum, rasiert, keine besonderen Gesichtsmerkmale oder Behinderungen. Ein untersetzter Mann, der sonst körperlich gut in Schuss zu sein schien.

Im Präsidium warteten die beiden Vernehmer der Morduntersuchungskommission bereits im Vernehmungsraum auf die Ankunft der Kollegen. Jede der beiden MUKs in Berlin hatte ihre eigenen Vernehmungsspezialisten. Da am Vortag die Nachricht eines ungeklärten Todesfalls hereingekommen war, hatten Kriminalhauptkommissar Römer und Kommissar Jensch sich sehr früh im Präsidium eingefunden, um sich in die Ergebnisse der gestrigen Untersuchung einzuarbeiten.

Grundsätzlich ging es in der Erstvernehmung hauptsächlich darum, den Verdächtigen möglichst genaue Aussagen zu Zeiten, Orten und Handlungen um den Tatzeitpunkt herum machen zu lassen. Auf Grundlage seiner Aussagen ließen sich dann umfangreiche Ort-Zeit-Diagramme erstellen, anhand derer Widersprüche zwischen den Aussagen des Verdächtigen und den Spuren und Zeugenaussagen aufgezeigt werden konnten. Dabei war es für die Vernehmer wichtig, selbst keine Informationen zu vermitteln, welche es dem Verdächtigen erleichtern konnten, Lügen auf die Informationslage der Kriminalpolizei abzustimmen. Für eine Vernehmung wurde daher im Vorfeld eine logische Struktur erarbeitet. Bei dieser Erstvernehmung waren die Möglichkeiten allerdings knapp bemessen, so dass es den beiden Vernehmern nicht schwerfiel, sich in der kurzen zur Verfügung stehenden Zeit vorzubereiten.

Als der alte Herr hereingeführt wurde, erwartete ihn Jensch bereits. Er saß in lässiger Haltung am einzigen Tisch des Raumes. Der um die Körpermitte herum ziemlich kräftige Kommissar hatte kleine, tief in den Höhlen sitzende Augen und ließ sich einen nicht sehr dichten Schnauz- und Kinnbart stehen. Das verschaffte ihm eine eigenwillige Mimik. Volnitz fühlte sich an einen lauernden Otter erinnert. Dessen Kollege Römer hingegen strahlte sofort eine emotionslose, kalte Intelligenz aus. Dem otterhaften Polizisten hätte Volnitz durchaus zugetraut, dass er privat kein schlechter Kumpeltyp war. Der wirkte irgendwie amüsiert. Der andere aber ließ bei dem Alten Angst aufflackern.

Auf Aufforderung setzte er sich den beiden Vernehmern gegenüber.

»Friedhelm Volnitz?« Die Stimme von Hauptkommissar Römer war schneidend.

Der Verdächtige antwortete mit trotzigem Zorn: »Das bin ich. Oder haben Sie den Falschen frühmorgens verschleppt?«

Noch während er die letzten Worte aussprach, erschrak der alte Mann über seine eigene Kühnheit.

Römers kalter Blick änderte sich jedoch trotz der Flapsigkeit seines Gegenübers kein bisschen. Dem anderen Mann sah Volnitz aber an, dass er umsonst versuchte, seine Gefühle zu verbergen. Jenschs Oberlippe kräuselte sich leicht zitternd aufwärts. Es schien gerade so, als wäre er ob des Mangels an erwartetem Respekt persönlich verletzt. Eine quälend lange Zeit verging, während derer Volnitz abwechselnd das verkniffene Gesicht Jenschs und den bohrenden Blick Römers suchte. Dann endlich erlöste ihn der Hauptkommissar.

»Soweit ich weiß, sind Sie freiwillig mitgekommen.« In seiner Stimme schwang kein Gefühl mit. »Man sollte annehmen, dass ein unschuldiger Nachbar einer ermordeten Frau doch Interesse an der Aufklärung ihres Todes haben würde. Ich muss Sie jedenfalls darauf hinweisen, dass unser Gespräch per Mikrofon aufgezeichnet wird. Wie gut kannten sie Frau Moll?«

Der Alte schluckte. »Na, ich kannte sie schon.« Seine Hoffnung darauf, er könne es bei dieser Antwort belassen, wurde enttäuscht, denn beide Kommissare schauten ihn einfach geradeheraus weiter an, als hätte er überhaupt nichts gesagt. Diese Reaktionslosigkeit hielt er nicht lange aus und schob zögerlich den Rest der Antwort nach: »Also, es ist so, dass sich zwischen Gisela und mir eine engere Beziehung entwickelt hat. Das ist aber schon vor ihrem Tod vorbei gewesen.«

Jensch, dessen Oberlippe sich langsam wieder entspannt hatte, lehnte sich nach vorn und stützte sich mit den Ellenbogen auf dem Tisch auf.

»Sie hatten also eine romantische Beziehung mit Frau Moll, ja?« Da Volnitz nickte, fuhr Jensch fort: »Und wieso haben sie sich getrennt?«

Diese Frage löste sichtlich Unbehagen im Befragten aus. Er drehte den Kopf ein Stück zur Seite und atmete laut aus. Nach einem weiteren tiefen Atemzug antwortete er endlich: »Na ja, wir haben uns nicht mehr so gut miteinander amüsiert. Wir waren ja zusammen, um es nicht mehr so langweilig zu haben da im Heim. Zwischen all den langweiligen alten Leuten.«

Römer starrte ihm nun direkt in die Augen und hakte nach: »Hat Frau Moll angefangen, sich mit einem anderen Mann besser zu amüsieren als mit Ihnen?«

Diese Frage verschlug Volnitz zunächst die Sprache. In einem privaten Gespräch hätte solch eine Frage schon einen derartigen Affront dargestellt, dass er sie einfach nicht erwartet hatte. Aber hier galten offensichtlich andere Regeln, das wurde ihm nun erst richtig bewusst.

Er riss sich zusammen, aber Mund und Kinn zuckten merklich, als er sich zu einer Antwort durchrang: »Ja, wahrscheinlich.« Er machte eine Pause, um nicht die Fassung zu verlieren. »Aber das wissen Sie ja bestimmt schon, wenn sie im Heim herumgefragt haben. Gisela hat sich dann für einen anderen entschieden.«

Römer setzte trotz der offensichtlich emotionalen Situation gleich weiter nach: »Kann es sein, dass Sie sich gestritten haben, wie das bei Paaren nun auch mal vorkommt, und Frau Moll deshalb die Beziehung beendet hat?«

Im faltigen Gesicht des Befragten zeigten sich nun tiefe Furchen, da er die Lippen aufeinanderpresste.

»Was geht Sie denn unsere Privatsache an? Ich erinnere mich nun nicht so gerne an eine Trennung, was ist denn dabei? Was hat das mit ihrem Tod zu tun?«

»Wir nehmen an, so einiges«, erwiderte Römer trocken. »Aber wenn Sie wollen, erzählen Sie uns, was Sie gestern so alles getan haben. Fangen Sie mit dem Aufstehen an und sehen Sie zu, dass Sie nichts auslassen.«

Sein Kollege lehnte sich wieder weit im Stuhl zurück.

Volnitz ging nun der Gedanke durch den Kopf, alle weiteren Antworten zu verweigern. Er machte sich aber nach dem bisherigen Verlauf des Gesprächs Sorgen darum, wie die Kriminalisten ihn dann erst bedrängen würden.

Mit genervtem Unterton fing der Alte langsam an, seinen Tagesablauf aufzuzählen. Als er bei seinem Ausgang nach dem Mittagessen angelangt war, richtete sich Jensch auf und hob leicht das Kinn, so als würde er den Verdächtigen dadurch besser verstehen.

»Nach dem Mittagessen bin ich rüber in die Kneipe, ein paar Karten kloppen«, fuhr Volnitz fort.

Römer unterbrach ihn. »Als Sie das Heim verlassen haben, was hatten Sie da an? Kleidungsstücke, Material, Farbe? Bitte seien Sie präzise!«

Nachdenklich schaute Volnitz an die Decke, als könne er dort sein eigenes Abbild vom Vortag sehen, das es nun zu beschreiben galt: »Jut, also, da waren schwarze Lederschuhe, braune Hosen. Na ja, ein Hemd, weiß. Dann die graue Jacke und, äh ... Ja, das war es schon.«

»Sonst nichts? Irgendeine Kleinigkeit vielleicht?«, fragte Jensch.

Der Alte schürzte die Lippen und legte die Stirn übertrieben stark in Falten.

»Äh. Nee. Nee, Hut oder so hatte ich nicht.«

»Gut, das halten wir so fest. Dann fahren Sie mal fort. Sie sind ohne Umwege zur Kneipe? Wie ging es dann weiter?«

»Ja, bin gleich da in die Kneipe. Die ist nur so zehn Minuten vom Heim entfernt, in der Gürtelstraße. Da hab ich dann eben mit den Kollegen Skat gespielt und ein paar Bier getrunken. Dann bin ich schon nach Hause.«

Beide Vernehmer hoben die Hand, um ihn zu unterbrechen. Hauptkommissar Römer benetzte sich die Lippen, bevor er eine Frage stellte: »Moment, Moment mal. Mit wem haben Sie gespielt? Haben Sie die Namen von Personen, die bezeugen können, dass Sie die ganze Zeit dort waren? Und wann sind Sie nach Hause gegangen?«

»Uff.« Volnitz rollte die Augen. »Ja, ich war da bestimmt bis kurz nach neune. Dann bin ich wieder zurück. Und in der Kneipe, da waren der Manfred Heller, Uli König und Sebastian Schmidt. Geberrunde.«

»Mhm, sind Ihre Kollegen von der Geberrunde oft in der Kneipe?«

»Ja, wenigstens einer von den dreien ist da eigentlich immer zu treffen«, erwiderte Volnitz, der sich langsam entspannte. Dass die Fragen nun in Richtung anderer Personen zielten, nahm ihm den Druck. Dieser erholsame Moment dauerte allerdings nicht lang.

Der so unterkühlt wirkende Vernehmer wechselte das Thema: »Haben sie gestern zu irgendeinem Zeitpunkt Frau Moll getroffen?«

»Nee, ich war ja beim Skat, nich?« Die Stirn des alten Mannes legte sich erneut in Falten. Dann riss er erschrocken die Augen auf und erinnerte sich: »Ach so, außer beim Essen natürlich. Da war sie auch. Haben aber nicht geredet oder so etwas.«

»Und Sie haben die Kneipe erst nach einundzwanzig Uhr verlassen und sind anschließend direkt auf Ihr Zimmer?«

»Ganz genau.«

Die Vernehmer ließen einige Sekunden verstreichen, ehe sie die nächste Frage stellten. Volnitz faltete wartend seine knorrigen, breiten Hände vor dem Bauch. Römer legte interessiert den Kopf etwas zur Seite.

»Wie geht es Ihren Händen?«

»Wie soll es denen gehen? Die haben ein Leben lang gearbeitet. Oder was meinen Sie?

»Na, haben Sie Probleme mit den Händen? Beim Greifen zum Beispiel?«

Der Alte kam sich veralbert vor.

»Nee, das ist alles in Ordnung. Was soll das?«

Römer ignorierte die Gegenfrage und setzte nach: »Besitzen sie einen Schal, Herr Volnitz?«

Der Angesprochene zuckte verdutzt zurück und unterstrich seine Verwunderung durch ein leichtes Kopfschütteln.

»Nee. Also, ich meine, ja, schon, für den Winter. Irgendwo habe ich wohl einen. Was wollen Sie denn immer mit meiner Kleidung?«

Als hätte er auf diese Frage gewartet, füllte Kommissar Jensch die Lungen mit einem tiefen Atemzug und machte sich noch breiter. Seine Oberlippe begann sich wieder leicht zu kräuseln, und seine Stimme wurde zittrig und ungehalten: »Sie sind nicht hier, um uns zu befragen. Und für den Schal interessieren wir uns, weil wir uns fragen, ob wohl die Geruchsspur, die wir von dem Schal genommen haben, mit dem Frau Moll erwürgt worden ist, von einem Spürhund zu Ihnen zurückverfolgt werden könnte.«

Das Gesicht des Alten zog sich nun noch weiter zusammen. Sein Mund öffnete und schloss sich, aber er brachte keinen Laut heraus.

»Haben Sie Frau Moll erwürgt?«, fragte ihn nun Römer geradeheraus.

Mit zusammengepressten Lippen schüttelte Volnitz den Kopf. Daraufhin richtete sich Jensch weiter wie zu einer Geste des Triumphes auf und lachte satt und gellend. Es schien ihm Freude zu bereiten, seinem Gegenüber eine kleine Lehre zu erteilen.

»Tja, da muss ich Ihnen aber sagen, dass so ein Spürhund mehr kann, als Sie zu glauben scheinen. Wir hatten mal einen Fall, da hat so ein Bursche einer alten Dame die Handtasche geklaut. Hat sich neben sie auf die Bank gesetzt, kurz mit ihr geredet, sich dann die Tasche geschnappt und ist zur S-Bahn gerannt. Da haben wir einfach mal einen Hund angefordert.« Jenschs Augen leuchteten vor Begeisterung. »Der riecht an der Bank, und schon wetzt der los zum Bahnhof und dann zu einer Stelle am Bahnsteig. Da legt der sich hin. Die werden ja Jahre lang von Spezialisten trainiert. Als die nächste Bahn kommt, fahren die Kollegen mit ihm weiter, bis er anschlägt. Da steigen sie aus. Der Hund läuft weiter zum nächsten Bahnsteig. Wieder an eine bestimmte Stelle, sie warten auf die Bahn und fahren weiter, bis der Hund zum Aussteigen bellt. Sie gehen raus, und der Hund führt sie bis zu einem Hochhaus. Sie dürfen nicht vergessen, wie viele Menschen da eigentlich drin leben. Na, jedenfalls bringt der Spürhund die Kollegen durchs Treppenhaus bis vor eine Wohnungstür. Da hat er sich letztendlich hingelegt. Die Kollegen klingeln, ein junger Mann macht auf und wird später von der alten Dame identifiziert. Ist das nicht verrückt? Stellen Sie sich doch mal vor, wie viele Geruchsspuren der Hund da in der Bahn, auf der Straße, auf dem Bahnhof unterscheiden musste! Tausende Menschen, Tiere, Pflanzen und Fahrzeuge.«

Jensch lachte erneut und klang bestens unterhalten durch seine Geschichte. Volnitz hingegen war auf seinem Stuhl zusammengesunken und blickte starr auf den Tisch.

Mit einem Räuspern durchbrach Römer die eingetretene Stille: »Also, Herr Volnitz, ich frage Sie noch einmal: Haben Sie Frau Moll getötet?«

Der Alte schüttelte erneut den Kopf, ohne seinen erstarrten Blick vom Tisch zu lösen.

»Wie Sie meinen«, fuhr Römer gelassen fort. »Wir werden gleich Ihre Fingerabdrücke nehmen. Was werden Sie tun, wenn wir Sie danach gehen lassen? Müssen wir uns Sorgen um Sie machen?«

Der Alte schwieg, so dass der Hauptkommissar seine Frage wiederholen musste: »Herr Volnitz, müssen wir uns Sorgen machen, dass Sie sich etwas antun, wenn wir Sie jetzt gehen lassen?«

Erst nach einem tiefen Atemzug, gefolgt von einem langen Seufzer gab Volnitz Antwort: »Nee, brauchen Sie nicht. Ich bin überzeugt, das Ganze ist nur ein ärgerlicher, schlimmer Irrtum. Hauptsache, Sie lassen mich endlich nach Hause.«

»In Ordnung, dann lassen wir Sie jetzt zur Fingerabdrucknahme bringen. Danach fährt Sie ein Kollege nach Hause.«

Die Abdrücke wurden sofort weiter zur Kriminaltechnik geschickt, damit Glöckner und Holetzki mit dem Abgleich beginnen konnten. Da eine vollständige Fingerspurenanalyse sehr umfangreich sein musste, um Beweismittelcharakter zu erlangen, musste sich die Morduntersuchungskommission darauf einrichten, dass es mindestens eine Woche dauern würde, bis sie Ergebnisse erhielten. Diese Zeit sollte genutzt werden, um die Aussagen des Verdächtigen zu überprüfen. In der Auswertung der Erstvernehmung wurde beschlossen, schnellstmöglich Zeugen aus der Kneipe zu befragen, die der Verdächtige angegeben hatte.

Am Nachmittag nach der Auswertung suchten Kriminalrat Günthers und Kommissar Sommer gemeinsam das Lokal auf. Sie fanden eine klassische Eckkneipe vor, deren breite Fenster in der unteren Hälfte mit einer langen Gardine verhangen waren, damit sich die Gäste von draußen nicht zu sehr beobachtet fühlten. Als die Polizeibeamten eintraten, beachtete sie zunächst niemand. Erst als die Tresenkraft die beiden Anzugträger länger musterte, drehten sich langsam einige Köpfe zu ihnen um. Es waren alte Gesichter. Mitten in der Woche und noch vor dem Abend saßen hier vor allem Rentner. Die Luft war dick und schwer mit Rauch gesättigt, so dass Kommissar Sommer die Augen zu tränen begannen. Er rieb daran herum und versuchte, mit einem einzigen, wie ein Bellen klingenden Husten seinen Rachen zu klären.

Günthers überlegte, gleich die Bardame nach dem Verdächtigen und den Zeugen zu befragen, dann vernahm er aber, worauf er gehofft hatte: Von einem Tisch am Ende des Lokals dröhnten rauchige, kernige Altherrenstimmen.

»Achtzehn?«
»Na, die hab ick noch!«
»Zwanzig?«
»Zwanzig!«
Die beiden Kriminalisten gingen langsam zum Tisch hinüber.
»Zwo?«
»Jup!«
»Drrrrei?«
»Weg!«
»Du sachst weiter!«
»Weg!«
»Na denn kiek ick ma rin!«
Kriminalrat Günthers räusperte sich und hielt seinen Ausweis in die Runde aus drei Skatbrüdern.

»Bitte um Entschuldigung, Sie hier mal unterbrechen zu müssen. Ich bin Kriminalrat Günthers von der Morduntersuchungskommission des Zentralen Kriminalamtes Berlin. Würden Sie mir bitte einige Fragen beantworten?«

Alle drei verdutzen Männer legten ihre Karten verdeckt auf dem Tisch ab und schauten sich gegenseitig an. Einer von ihnen, der gerade noch in den Skat schaute, verzog missmutig den Mund. Er hatte die Hemdsärmel hochgekrempelt und legte die eine haarige Hand von sich gestreckt auf den Tisch, während er mit der anderen die Biertulpe umklammerte.

»Na jut, wat könn wa Ihnen denn erzähln?«

»Haben Sie vor drei Tagen mit einem Herrn Volnitz Skat gespielt?«

Die drei schauten sich erneut an, bevor der Haarige antwortete: »Ja, ham wa. Wieso?«

Ohne sich beirren zu lassen, fragte Günthers in ruhigem Ton weiter: »Er sagte, er hätte mit den Herren König, Heller und Schmidt gespielt. Sind Sie das?«

»Na, fast. Ick bin Heller, dit is König«, dabei zeigte er auf den beleibten, kurzatmigen Mann am Tisch, »und dit is Papke. Der Schmidt is heute nich dabei.«

Als er auf Papke zeigte, hob der kurz die Hand, als würde er sich bei einer Anwesenheitsüberprüfung melden.

Sommer, der im Hintergrund stand, fing an, in seinem Notizbuch zu schreiben, während Günthers mit einem freundlichen Lächeln das Gespräch fortsetzte.

»Das trifft sich ja schon mal gut. Herr Heller und Herr König, können Sie mir vielleicht sagen, wie lange Sie hier an dem Tag mit Herrn Volnitz Karten gespielt haben?«

Heller ließ dem dicken König keine Zeit, sich ins Gespräch einzubringen, und antwortete wie aus der Pistole geschossen: »Na sicher. Wir haben uns wie üblich um eins jetroffen. Wer zu spät kommt, jibt ne kleene Runde. Ja, und dann haben wir bis um neune jespielt. Dann macht die Gerda da vorne ja ooch bald den Laden dicht.« Er zeigte auf die Dame am Tresen. »Aber eigentlich jehen wir da, weil König nach Hause zu seine Frau muss.«

König nickte etwas betreten.

»Und er war die ganze Zeit bei Ihnen? Sie hatten ihn im Blick?«

»Im Blick«, wiederholte Heller die Worte des Polizisten verächtlich. »Natürlich nich die janze Zeit. Wenn ma eener uff Klo jeht, denn jehn wa ja nu nich hinterher kieken, ne? Na, und denn war der Volnitz ja ooch ne Stunde wech, um Kleenjeld zu holn.«

»Ach.« Günthers drehte sich zu seinem Kollegen um, der ihn ebenfalls anlächelte. »Wann ist er denn weg, und wann kam er wieder?«

»Na, weg isser schon so halb dreie, ne?«

König bestätigte den fragenden Blick seines Skatbruders mit einem Nicken.

»Jenau. Und wieder da jewesen is er denn wohl so halb viere. Als er weg is, hat er jesagt, er weeß noch nich, ob er wiederkommt. Da hatte ick ja nu schon wieder die Schnauze voll, aber ...«

Eilig hob Günthers die Hand, um den redseligen alten Herren zu unterbrechen: »Moment! Moment. Versuchen Sie sich beide genau zu erinnern und sagen Sie mir, ob sich Herr Volnitz irgendwie anders oder sonderbar benommen hat, bevor er wegging oder nachdem er wieder bei Ihnen am Tisch saß. Und hatte er einen Schal oder ein Tuch um? Es ist sehr wichtig, dass Sie ganz genau überlegen, bevor Sie antworten.«

»Ja, hatte der nen Schal um?«, fragte Heller an König gewandt.

Der zuckte die Schultern und dachte laut nach mit

heiserer, hoher Stimme: »Also, das weiß ich nicht so richtig. Ein Schal? Nein. Na ja, wenn, dann hat er den ja an den Ständer da gehangen.« Er zeigte zu einem Garderobenständer neben der Eingangstür.

Auch Heller schüttelte jetzt den Kopf: »Nee, dit weeß ick ooch nich.«

Die Kriminalisten ließen sich ihre Enttäuschung anmerken.

»Und hat er sich nun irgendwie seltsam verhalten?«, fragte Günthers in einem Anflug von Ungeduld weiter.

Während König gleich schweigend den Kopf schüttelte, reagierte Heller aufbrausend: »Wat weeß ick? Beim Skat wird nicht jekiekt, ob eener sich irgendwie verhält oder so wat. Da wird jeteilt, anjesagt, jespielt und Schluss! Mensch, fragen Se uns doch nich so wat!«

Die Kriminalisten zuckten zeitgleich mit den Schultern. Sie bedankten sich knapp und gingen dann doch zur Tresenfrau. Die gab ihnen jedoch auch sehr schnell zu verstehen, dass sie keine Zeit hatte, um neben ihrer Arbeit auch noch ein Auge auf den Garderobenständer zu werfen. Günthers und Sommer mussten sich damit zufriedengeben, zumindest eine Lücke im Alibi des Verdächtigen entdeckt zu haben, und fuhren wieder zurück ins Präsidium. Die Erstellung eines Weg-Zeit-Diagrammes ersparten sie sich in diesem Fall. Der Verdächtige hatte schließlich nicht viele Orte aufgesucht und der Widerspruch zwischen seiner Aussage und der seiner Skatkollegen war eklatant genug.

Bis zu den Ergebnissen der Fingerspurenanalyse beschäftigte sich die MUK damit, weitere Einzelbefragungen im Heim durchzuführen. Herr Wiese, der letzte Liebhaber von Frau Moll, gab dabei keinen Anlass, in Verdacht zu geraten. Er war lediglich traurig über den Verlust seiner Freundin. Seine Schilderung einer glücklichen und harmonischen Beziehung deckte sich mit den Aussagen anderer Bewohner. Abgesehen davon ließen sich keine weiteren Hinweise finden, denen die MUK hätte nachgehen können. Dass einfach niemand den Seidenschal wiedererkannte, war besonders enttäuschend. Da ließ schon einmal ein Täter ein Mordwerkzeug am Tatort zurück, welches er wahrscheinlich sogar häufig in der Öffentlichkeit bei sich führte, und niemand erinnerte sich daran.

Erst als die Kriminaltechnik ihren ausführlichen Spurenband um die Auswertungsergebnisse ergänzt hatte, konnte es schließlich weitergehen. Günthers nahm den Bericht von Holetzki mit einer bemerkenswerten Ruhe entgegen. Er hatte bereits mit genau solchen Ergebnissen gerechnet. Die Fingerabdrücke im Raum und außen an der Tür stammten von verschiedenen Personen. Das war natürlich nicht ungewöhnlich. Ein großer Teil der Spuren innerhalb der Wohnung und an der Balkontür stammten jedoch tatsächlich von Volnitz. Der gute Zustand der Spuren schloss aus, dass sie aus der Zeit vor der Trennung stammten. Außerdem konnte von den Mitarbeitern im Heim bestätigt werden, dass erst drei Tage vor dem Mord das Zimmer gereinigt worden war.

Volnitz war demnach definitiv nicht tatortberechtigt. Seine Fingerabdrücke auf einem der Wassergläser, dem Sessel und der Balkontür waren belastend genug, um die Beschuldigtenvernehmung gegen ihn vorzubereiten. Römer und Jensch nahmen sich dafür Zeit. Das Ziel der Befragung bestand nun darin, dem Beschuldigten Täterwissen zu entlocken, das die materiellen Beweise ergänzen sollte. Die Vernehmer studierten alle bekannten Fakten, um nicht durch eine Spitzfindigkeit des Befragten aus dem Konzept gebracht zu werden. Sie erarbeiteten einen straffen, logisch strukturierten Befragungsplan, denn sie wussten, dass eine Vernehmung entweder nach drei Stunden zum Erfolg gebracht sein musste oder als gescheitert anzusehen war. Dann hätte man eine zweite Vernehmung ansetzen müssen und räumte dem Beschuldigten damit die kostbare Gelegenheit ein, sich besser vorzubereiten und Vorwürfe zu entkräften.

Zehn Tage nach dem Mord wurde Volnitz erneut in den Vernehmungsraum im Präsidium des Zentralen Kriminalamtes gebracht. Als er sich an den Tisch setzte, machte der alte Mann einen traurigen Eindruck. Alles andere hätte Volnitz in diesem Moment lieber erlebt als die kalte Musterung durch Hauptkommissar Römer und daneben das breite Otterschmunzeln des anderen.

»Na, Herr Volnitz, da sehen wir uns schon wieder«, begrüßte ihn Jensch nun ebenfalls in amüsiertem Ton. »Sie hatten ja nun einige Tage, um ausgiebig nachzudenken.«

Volnitz schwieg und bereute es schon kurz darauf. Denn die beiden Männer ihm gegenüber schienen das Schweigen zu gern mitzuspielen. Römer blickte ihn unentwegt an, ohne zu blinzeln. Das konnte Volnitz nicht lange ertragen.

»Ja, was wollen Sie denn?«, keifte er los, um die Stille zu durchbrechen.

Nur einen Sekundenbruchteil später antwortete ihm Römer in schneidendem Ton: »Wir wollen, dass Sie aufhören, uns zu verarschen. Ihr Alibi ist keins. Sie waren am Nachmittag eine ganze Stunde lang nicht in der Kneipe. Selbst wenn Sie hin und zurück geschlendert wären, hätten Sie noch gut eine halbe Stunde gehabt, um Frau Moll zu ermorden. Und lassen Sie sich nicht einfallen, uns jetzt hier irgendeinen Mist aufzutischen. Der Zug ist für Sie abgefahren. Zwischen halb drei und halb vier sind Sie zurück zum Altersheim, das wissen wir. Geben Sie es endlich zu!«

Mit geballten Fäusten starrte Volnitz den Vernehmer an. Dann löste er die Finger langsam und nickte einfach, ohne ein Wort zu sagen.

»Schön. So kommen wir weiter«, stellte Römer nun wieder in emotionslosem Ton fest. »Jetzt wissen wir aber auch mit Sicherheit, dass Sie bei Frau Moll im Zimmer waren.« Er klopfte auf eine Mappe, die vor ihm auf dem Tisch lag. »Sie machen sich gar keine Vorstellung davon, wie viele Spuren Sie für uns hinterlassen haben. Was ist in diesem Raum geschehen? Wie sind Sie hineingekommen?«

»Na, durch die Tür. Ich bin doch kein Einbrecher!« Die Frage schien ihn zu empören. »Ich hab einfach geklopft, und sie hat mich hereingelassen. Ich wollte ja nur reden, wegen dem ganzen Ärger, den ich hatte, seit sie …« Er biss sich auf die Unterlippe. »Ich wollte eben darüber reden, wie das mit der Trennung gelaufen ist. Wenn man so alt ist wie ich, hat man immer im Hinterkopf, dass das vielleicht das letzte Mal sein könnte, dass man jemanden fürs Herz findet. Dann ist so ein Debakel wie mit Gisela besonders schmerzhaft, nich?«

»Was ist in dem Raum geschehen?«, fragte Römer kalt.

Der alte Mann schien durch die Frage wie aus einem Traum gerissen. Er kam zu sich: »Ja, im Raum. Na, ich wollte Wein trinken, weil ich ja schon in der Kneipe ein bisschen was getrunken hatte. Aber Gisela hat uns nur ein Glas Wasser hingestellt. Und dann hab ich sie zur Rede gestellt.« In den Klang seiner Stimme mischte sich Zorn. »Hab sie gefragt, wie sie damit leben kann, mich so zu betrügen. Ob sie lieber eine Dirne ist, als sich mit mir Mühe zu geben. Und wissen Sie, was sie da geantwortet hat? Ich solle mich nicht aufführen wie ein Schulknabe!«

Er hielt inne. Auch Kommissar Jensch hatte inzwischen aufgehört zu schmunzeln. Volnitz bemerkte in diesem Moment selbst, wie viel er bereits preisgegeben hatte. Römer aber ließ die Zeit zum Nachdenken nicht zu lang werden.

»Herr Volnitz, wir haben Ihre Spuren schon. Sie können einfach zu Ende erzählen.«

Er bewirkte ein einsichtiges Nicken. Volnitz holte tief Luft und fuhr dann fort: »Ich hatte so einen Hals. Ich wollte gehen und bin aufgestanden. Aber als ich dann schon fast an ihr vorbei war, da hab ich sie lachen sehen. Sie hat gelacht! Das ging einfach nicht. Das war so unglaublich unverfroren!« Der alte Mann schüttelte sich regelrecht unter der Erinnerung an die empfundene Dreistigkeit. »Da hab ich meinen Schal genommen – ich stand ja hinter ihr – und hab dann damit zugedrückt. Ich hab ihr das Lachen weggedrückt. War ganz schnell vorbei. Ganz schnell.«

Er stieß ein tiefes, zitterndes Seufzen aus. In Gedanken versunken schüttelte er unablässig den Kopf.

»Dann hab ich abgeschlossen. Ich war darauf ja nicht vorbereitet. Ich dachte, vielleicht finden sie sie erst mal ja gar nicht und ich kann mir dann noch etwas überlegen. Und dann bin ich ich über den Balkon zu mir. Hatte die Tür angelehnt und bin über die Absperrung geklettert. Die alte Müller nebenan war Gott sei Dank nicht da. Dann hab ich überlegt und überlegt. Bin dann aber einfach zurück zur Kneipe. Ich konnte ja nicht warten und nichts tun. Da bemerkte ich dann erst, dass ich den Schal in Giselas Zimmer gelassen hatte.«

»Sie sind also gefenstert?«, fragte Jensch neugierig dazwischen.

Volnitz war zunächst verwirrt. »Äh. Ja. So nennen sie das bei uns im Heim.«

»Na gut, na gut«, unterbrach sie Hauptkommissar Römer. »Sie haben die Frau also aus einem spontanen Wutanfall heraus getötet? Erklären Sie mir bitte noch einmal, weshalb Sie die Kneipe verlassen haben. Was ging Ihnen in der Situation durch den Kopf?«

Außer einem Schulterzucken gab es keine Reaktion.

»Sie haben sich mit ihren Freunden getroffen und sie dann plötzlich sitzengelassen, nur weil Sie mit Frau Moll reden wollten? Und das, obwohl sie schon wochenlang getrennt waren?« Der Vernehmer hob auffordernd die Augenbrauen. Volnitz ergänzte sein Schulterzucken durch ein zaghaftes Nicken.

»Das reicht uns sowieso«, meinte Römer schlagartig.

Er rief den Polizisten, der vor dem Vernehmungszimmer wartete, und bat ihn, den Alten abzuführen.

»Sie sind wegen Mordes verhaftet. Der Kollege erklärt Ihnen den Rest. Wir werden nicht wieder aufeinandertreffen.« Eine kühlere Verabschiedung hätte Römer nicht zustande gebracht.

Das Vernehmungsziel war klar erfüllt. Da die Pflegeschwester und der Hausmeister zum Schweigen verpflichtet worden waren, handelte es sich bei vielen Schilderungen zum Tatort um reines Täterwissen: Der steckende Schlüssel, die Wassergläser, die angelehnte Balkontür; all das reichte völlig aus, um sein Geständnis zu untermauern. Die Arbeit der Vernehmer war damit erledigt.

Volnitz machte einen fast ungläubigen Eindruck. Erst war er noch mitten im Geständnis der Tat, die ihn innerlich aufwühlte, und kurz darauf riss der Vernehmer einfach den Rahmen ihres Gesprächs ein. Er ließ sich jedoch ohne zu murren abführen.

Alle Untersuchungs- und Vernehmungsprotokolle sowie die Mitschnitte, Fotos und Spurenbänder gingen daraufhin der Staatsanwaltschaft zu. Für niemanden bestand Zweifel daran, dass der Prozess gegen den Mörder aus dem Altenheim mit einer Verurteilung enden würde. Denn nach Einschätzung aller Beteiligten aus dem Dezernat II handelte es sich um einen klaren Eifersuchtsmord. Das Gericht entschied jedoch aufgrund des Alters des Angeklagten und des Affektcharakters der Tat auf Totschlag. Der Fensterer wanderte für die letzten Jahre seines Lebens in den Bau.

Danksagung

Ich danke Martin Pagel für seine umfangreiche Unterstützung, seinen Ideenreichtum und den ausgeprägten Sinn für spannende Geschichten.

Unheilvolle Familienbande

Eveline Schulze
Vaters Pistole
Authentische Kriminalfälle
224 Seiten, 12,99 €
ISBN 978-3-360-02194-6

Auch als eBook erhältlich
eISBN 978-3-360-50085-4

Erst erschoss sie den Hund, dann die Tochter und schließlich sich selbst. Neben den Leichen finden die Ermittler die Tatwaffe: eine Parabellum. Die Titelgeschichte des neuen Buches der Görlitzer Erfolgsautorin ist mehr als nur ein Eifersuchtsdrama. Sie greift zurück bis ins Dritte Reich. Von unheilvollen Familienbanden und milieugeprägten Tätern erzählen auch die beiden anderen Geschichten, in denen Eveline Schulze wieder einmal faktische Genauigkeit und spannendes Erzählen vereint.

Grenzübergreifende Verbrechen

Berndt Marmulla
Der Sockenmörder
Authentische Kriminalfälle
aus der DDR
192 Seiten, 12,99 €
ISBN 978-3-360-02171-7

Auch als eBook erhältlich
eISBN 978-3-360-50053-3

Drei spannende und verwickelte Fälle: In einem Berliner Appartement wird ein Toter gefunden, erstickt, mit einer Socke im Rachen. Die Ermittlungen fördern das Doppelleben eines DDR-Diplomaten zutage – und enden vor einem Kasernentor der NVA, denn dort dürfen die Kriminalisten nicht ermitteln. Erst in den 90er Jahren kann der Fall aufgeklärt werden. Bei einem Kunstdiebstahl führen die Spuren nach Westberlin, und ungewöhnlicherweise kooperieren die Behörden. Auch der dritte Fall ist eine Ost-West-Story.

Blick in den Abgrund

Klaus Keck
Des Mörders Barthaar
Authentische Kriminalfälle
224 Seiten, 12,99 €
ISBN 978-3-360-02126-7

Auch als eBook erhältlich
eISBN 978-3-360-50069-4

Der Mann ist Jahrgang 1958 und kommt aus Roßlau im Bezirk Halle. 1977 ermordete er eine junge Frau nach der Disko, wofür er zu lebenslanger Haft verurteilt, aber 1990 amnestiert wurde. Im August 1994 tötete er seine Lebensgefährtin, vier Wochen später eine 17-Jährige und deren anderthalb Jahre alte Cousine. Das alles weiß der Kriminalist Keck noch nicht, als die »Soko Wald« die Ermittlungen in diesem Doppelmord aufnimmt.

ISBN 978-3-360-02198-4

© 2015 Verlag Das Neue Berlin, Berlin
Umschlaggestaltung: Buchgut, Berlin,
unter Verwendung eines Motivs von Fotolia
Druck und Bindung: GGP Media GmbH, Pößneck

Die Bücher des Verlags Das Neue Berlin
erscheinen in der Eulenspiegel Verlagsgruppe.

www.eulenspiegel-verlagsgruppe.de